Couverture inférieure manquante

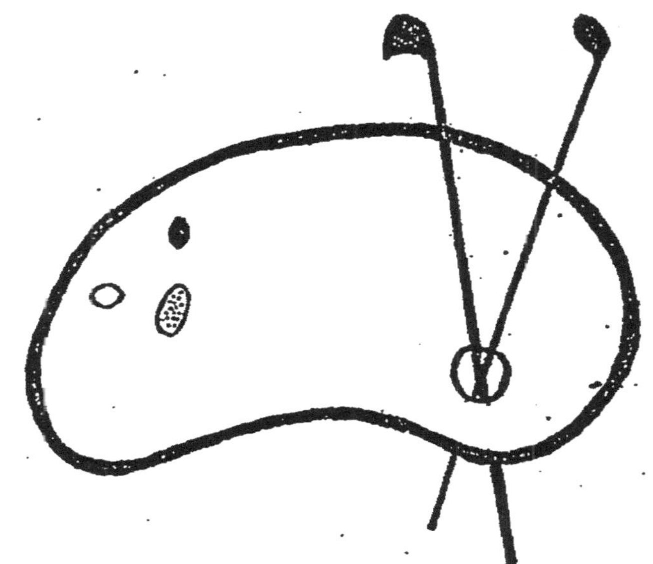

DEBUT D'UNE SERIE DE DOCUMENTS
EN COULEUR

PUBLICATION DE LA RÉUNION DES OFFICIERS

BORDJ-BOU-ARRÉRIDJ

PENDANT

L'INSURRECTION DE 1871

EN ALGÉRIE

— JOURNAL D'UN OFFICIER —

PAR

LE COMMANDANT DU CHEYRON

du 8e hussards

PARIS

HENRI PLON, IMPRIMEUR-ÉDITEUR

10, RUE GARANCIÈRE

—

1873

Tous droits réservés

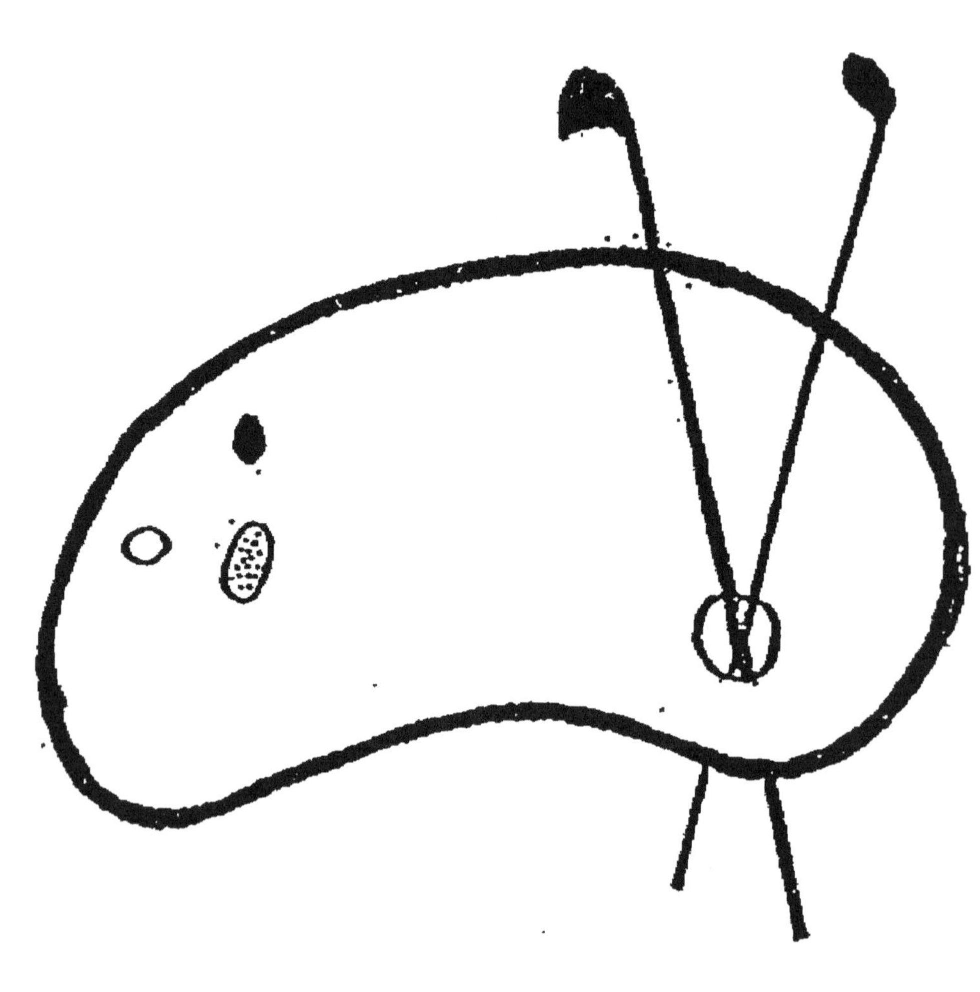

FIN D'UNE SERIE DE DOCUMENTS
EN COULEUR

BORDJ-BOU-ARRÉRIDJ

PENDANT

L'INSURRECTION DE 1871

EN ALGÉRIE

PARIS. TYPOGRAPHIE DE HENRI PLON, 8, RUE GARANCIÈRE.

PUBLICATION DE LA RÉUNION DES OFFICIERS

BORDJ-BOU-ARRÉRIDJ

PENDANT

L'INSURRECTION DE 1871

EN ALGÉRIE

—JOURNAL D'UN OFFICIER—

PAR

LE COMMANDANT DU CHEYRON

du 8e hussards

PARIS

HENRI PLON, IMPRIMEUR-ÉDITEUR

10, RUE GARANCIÈRE

1873

Ce n'est pas une histoire que j'ai la préten-
tion de faire. J'écris en touriste, et j'ai voulu
tout simplement rassembler ici les notes que j'ai
prises pendant un séjour de cinq mois dans le
petit fort de Bordj-bou-Arréridj. L'insurrection
de 1871 éclata avec une violence extrême dans
ce cercle de la province de Constantine, et j'ai
été appelé à la voir de près.

Bien des détails paraîtraient tout au moins
inutiles, si je n'en avais pour excuse leur
rigoureuse exactitude, mon désir de fixer des
souvenirs personnels, et le besoin de rendre
hommage à ceux qui, dans ces temps difficiles, firent noblement leur devoir.

A. DU CHEYRON.

1

BORDJ-BOU-ARRÉRIDJ

PENDANT

L'INSURRECTION DE 1871

EN ALGÉRIE

I

Le 25 février 1871 [1], le colonel Bonvalet, commandant la subdivision de Sétif, me fit appeler auprès do lui : « Commandant, mo dit-il, vous allez partir pour Bordj-bou-Arréridj ; vous y serez attaqué, selon toute probabilité, le 2 mars, car c'est le jour de l'Aïd-el-

[1] Quelques jours auparavant, le colonel Bonvalet, escorté d'un peloton du 8e hussards, était allé à Bordj s'assurer par lui-même de l'état du pays. J'ai placé à la fin do cet ouvrage l'intéressant récit de ce voyage, que jo dois à l'obligeance de M. le sous-lieutenant Duport-Dutertre.

Kébir (la grande fête), et ce jour pourrait bien être pour les Arabes le signal d'une insurrection générale : votre mission n'est pas facile, je ne vous le cache pas ; mais j'ai entière confiance en vous : vous avez le grade, l'expérience, tout ce qu'il faut enfin pour prendre le commandement que je vous donne. Vous avez carte blanche ; faites la part du feu, conservez la ville si vous le pouvez, mais si vous êtes dans la nécessité de rentrer dans le fort, sauvez les habitants, résistez à outrance, et comptez sur moi. »

Je jugeai fort inutile d'emmener mes chevaux, et le lendemain matin j'étais dans la diligence qui franchit en sept ou huit heures les dix-huit lieues qui séparent Sétif de Bordj.

J'avais pour compagnons de voyage un habitant de Bordj que la fièvre en avait chassé il y avait quelques jours, et un entrepreneur de Constantine qui allait faire rentrer en lieu sûr ses ouvriers et son matériel de travaux.

Au trot de notre attelage de mulets, mes yeux embrassaient le pays, et tout, dans cette plaine que j'avais parcourue moins d'une année auparavant, me paraissait étrange !

Le pont en construction au moulin Saint-Rame n'avait plus d'ouvriers ; des maisons isolées avaient été si bien démeublées, que leurs propriétaires, en les abandonnant, n'avaient même pas oublié d'en emporter les portes ; pas un colon sur le chemin, pas une tente sur notre passage ; enfin, au loin, sur le flanc des hauteurs, des douars [1] s'établissaient et se groupaient dans un certain ordre ; on ne pouvait pas s'y tromper, chacun prenait ses précautions ; tout était méfiance dans l'air !

A peu près à moitié route, au caravansérail d'Aïn-Tagroutt, les diligences partant de Sétif

---

[1] Douar, réunion de plusieurs tentes, habitées généralement par une même famille.

et de Bordj se croisent et s'arrêtent une heure, pour permettre aux voyageurs de déjeuner. Ce jour-là, deux chariots passèrent chargés de femmes emportant à Sétif leurs hardes et leurs moyens de couchage. « On n'était pas rassuré là-bas, nous dirent-elles ! » Le caravansérail est bâti sur un rocher et domine d'un côté la fontaine ; de l'autre, il est précédé d'une cour fermée qui le préserve des voleurs en temps ordinaire, et en temps d'insurrection permettrait à une troupe de s'y appuyer : si même elle était obligée de se renfermer dans ce petit bordj [1], elle pourrait résister derrière ses créneaux, et attendre qu'on vînt la dégager.

Après Aïn-Tagroutt [2], la route traverse de beaux pâturages et arrive à un ravin au fond duquel coule l'Oued-Chair. Les rampes qui

[1] Bordj : fort, maison crénelée ou fortifiée, maison de commandement.

[2] Aïn, fontaine ; oued, rivière ; djebel, montagne ; ouled, enfant.

forment des deux côtés un long défilé ont nécessité un travail considérable. Quand j'y passai, les chantiers de la route ainsi que la maison cantonnière étaient déserts, comme ceux du moulin Saint-Rame.

Un peu plus loin, près du marabout de Sidi-Embarcck, un groupe de cinq ou six beaux cavaliers arabes, armés comme pour combattre, faisait boire ses chevaux à la fontaine. A leur regard curieux et investigateur, je crus prudent de porter la main à mon revolver et de me rapprocher de mon fusil de chasse; cependant, nous passâmes en nous suivant de l'œil et sans échanger la moindre formule de politesse.

Une heure après j'arrivais à destination.

J'annonçai au capitaine Olivier, administrateur du district et commandant supérieur du cercle, la mission que j'avais à remplir. Il devait lui être pénible de me voir prendre un commandement qu'il exerçait depuis plusieurs mois, et qui ne pouvait manquer de lui faire honneur dans les circonstances difficiles que nous avions à traverser; mais je dois le dire, il me parla sans amertume, avec une franchise toute militaire, et dans cette première entrevue il me montra un désintéressement trop rare, hélas! dans notre métier. Parlant l'arabe comme un indigène, il avait une connaissance parfaite du pays, et il me promit de me mettre promptement au courant de la situation. En lui, j'avais donc un guide sûr, les obstacles devaient s'aplanir devant moi.

II

Comme point stratégique, Bordj-bou-Arréridj a une importance qui n'avait échappé ni aux Romains ni aux Turcs, nos prédécesseurs dans la possession du pays.

Au milieu d'une plaine mamelonnée qu'elle commande de tous côtés, la ville regarde au nord les montagnes bleues de la grande Kabylie, à l'ouest les défilés des Bibans, qui donnent accès de la province d'Alger dans la province de Constantine; enfin au sud elle surveille un des principaux passages du Hodna dans le Tell, à travers le massif montagneux des Mâdhi.

Cependant la ville a cet inconvénient grave de n'avoir pas de puits : l'eau nécessaire à ses habitants y est amenée par une conduite de quinze cents mètres, qui vient de la fontaine romaine.

Bordj a une forme générale ovale, et s'appuie à ses extrémités les plus éloignées, d'un côté à un ancien fortin turc devenu depuis le bureau arabe, de l'autre au grand fort qui sert de caserne à la garnison. Le fortin est à deux cents mètres du grand fort, et le domine de quinze mètres environ.

Quelques jours avant mon arrivée, un officier du génie avait été envoyé de Sétif pour mettre la ville en état de défense, et ce n'était pas entreprise facile, car sa construction s'y prêtait peu.

Du côté nord, les murs des maisons sont assez bien bâtis, presque tous crénelés, et reçoivent des feux croisés, du bureau arabe et d'un des bastions du grand fort ; rien ne gêne d'ailleurs au dehors l'action du feu.

Le point faible était évidemment le côté sud.

PLAN DE BORDJ-BOU-ARRÉRIDJ

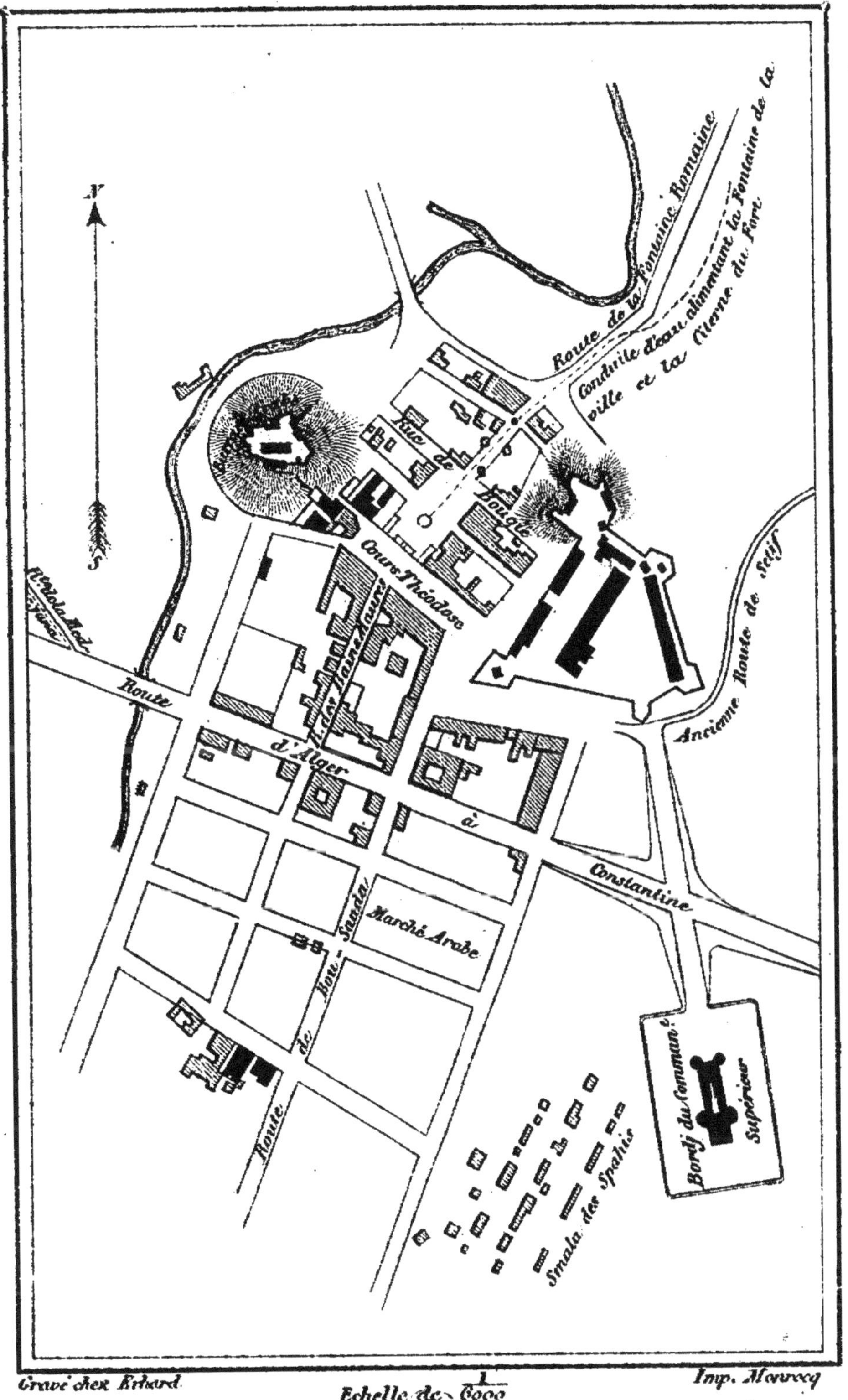

Là, le derrière des maisons donne par des cours sur la grande route d'Alger à Constantine; on ne peut y obtenir de flanquement, et il était bien à prévoir que les nouvelles constructions qui s'élevaient près du marché arabe serviraient, en cas d'attaque, d'abri aux assaillants.

Il eût donc fallu raser toutes ces maisons, si la défense n'avait pas assez d'hommes pour les occuper, et déblayer au loin la zone de terrain nécessaire au tir.

Mais le temps pressait : les travaux de défense consistèrent simplement en tranchées profondes, et en barricades coupant l'extrémité des rues donnant sur la campagne. La ville était ainsi mise à l'abri d'un coup de main : quant à résister à l'attaque patiente et soutenue d'un ennemi nombreux, elle ne pouvait l'espérer. Je dus donc borner tous mes soins au rapide achèvement des tranchées et des parapets.

Sans vouloir rechercher les causes particulières, locales, de l'insurrection de 1871 dans le cercle de Bordj-bou-Arréridj, causes dont l'enquête appartient à l'autorité judiciaire, qu'il me soit permis d'en parler d'une manière générale, en me tenant à la surface des événements auxquels j'ai été appelé à prendre part.

Dans leur vie nomade, les Arabes ont dû, dès l'origine, se grouper en familles, en associations, en tribus, et se choisir des chefs chargés de les diriger dans leurs pérégrinations et de leur indiquer les lieux de campement. Ces haltes momentanées, déterminées par la nécessité de vivre suivant les saisons dans des régions différentes, la montagne ou la plaine, le Sud ou les hauts plateaux, ont habitué à la guerre ces tribus rivales.

Les Turcs ont fait reposer leur domination sur les divisions intestines des tribus, ont entretenu entre les chefs des intrigues incessantes, et ne se sont servis de quelques-uns d'entre eux qu'en les maintenant par la crainte permanente de se voir remplacer par leurs ennemis.

Notre domination n'a pas voulu s'appuyer sur un semblable système. Dès les premiers pas que nous avons faits en Algérie, en face de la difficulté de la conquête par des troupes insuffisantes, au lieu d'employer la violence nous avons préféré, quand nous l'avons pu, traiter avec les chefs puissants que nous avons rencontrés ; nous les avons pris pour guides dans le pays, nous avons profité de la connaissance qu'ils avaient des populations, et nous leur avons bientôt délégué partie de l'autorité que nous venions imposer au peuple conquis.

A côté de ces chefs devenus nos agents, nous en avons nous-mêmes créé de nouveaux en récompensant par des commandements, les services de gens de basse extraction.

De là deux espèces de chefs indigènes. Les uns, appartenant à la noblesse religieuse ou militaire, nous n'avons fait que les confirmer dans l'influence qu'ils exerçaient dans leur pays, et nous leur avons dû le plus souvent la paix sans la présence de nos troupes ; par contre, ils ont dans d'autres temps entraîné tout un pays dans l'insurrection. A côté de grands avantages, comme on le voit, ces chefs présentent un sérieux péril : instrument excellent mais perfide, qui ne doit être manié que par des mains exercées. Les autres chefs, ceux à qui nous avons donné l'investiture et que nous avons placés dans des pays où ils étaient complétement inconnus ou trop connus parfois par les humbles fonctions qu'ils avaient remplies auprès de nous, n'ont en temps d'insurrection aucune influence sur leurs coreligionnaires, peuvent à peine se faire suivre de quelques serviteurs, et ne sont que de courageux soldats à l'avant-garde de nos colonnes.

Les officiers français commandants de cercles, de subdivisions même, ont reçu pour mission d'attacher à la politique française ces utiles auxiliaires par des égards, des promesses de faveurs, de décorations qui les flattent; on leur a demandé de vivre le plus possible en bonne intelligence avec eux, et bien souvent, dans la crainte de secousses, ils ont été sacrifiés à la susceptibilité des chefs indigènes.

Le bach-agha [1] de la Medjana était un des types les plus remarquables de ces chefs d'ancienne origine. Si-el-Hadj-Mohammed-ben-el-Hadj-Ahmet-el-Mokrani appartenait à l'illustre famille des Ouled-Mokran, descendant du Prophète [2], et avait dans le cercle de Bordj

[1] Bach-agha, littéralement chef des aghas : a sous ses ordres un nombre variable de caïds.

[2] Une notice généalogique donnée par le bach-agha au commandant supérieur de Bordj, lui attribue cette origine. C'est à tort qu'on le fait descendre d'un Montmorency,

une influence prépondérante. Connaissant la France, où la cour de l'Empereur avait fait à sa grande distinction personnelle l'accueil le plus flatteur, l'estime et l'amitié qu'il avait pour plusieurs de nos généraux le maintenaient par là même dans les sentiments de la fidélité ; mais il savait que c'était de son père, presque roi du pays, que la France avait reçu la soumission de la majeure partie de la contrée sans avoir combattu ; il se souvenait que son père, pour affirmer alors sa puissance, avait laissé le maréchal Valée traverser une partie de la Kabylie avec une petite colonne de trois mille hommes, et permis ainsi au duc d'Orléans le passage des Portes-de-Fer [1], ces redoutables défilés rocheux des Bibans, où n'étaient jamais parvenues les légions romaines et que n'avaient

invention, m'a-t-on assuré, d'un capitaine d'état-major, et qui date de 1852.

[1] Portes-de-Fer, traduction du turc Demir-Kapou.

jamais franchis les Turcs sans payer une redevance annuelle [1]. Deux ans plus tard encore, en 1841, le lieutenant général Négrier, pour faire cesser la crainte qu'inspirait dans la Medjana un lieutenant d'Abd-el-Kader établi près de Msila, avait fait reconnaître l'autorité de Mokrani et créé le poste de Bordj-bou-Arréridj. Depuis lors une sécurité parfaite avait régné, tellement que les propriétaires des maisons qui s'étaient groupées plus tard autour du fort n'avaient pas jugé utile de se protéger, comme dans d'autres villes, par une chemise de murs crénelés.

Ces souvenirs ne le rendaient pas moins fier que sa haute naissance, ses biens considérables et la grande situation que la France lui avait faite.

[1] On prétend même que lors de ce passage du duc d'Orléans, afin de pouvoir remplir sa promesse et de conserver son prestige, Ahmet-el-Mokrani mit à néant toute opposition de la part des Kabyles, en acquittant de ses deniers le tribut accoutumé.

Lorsque pendant notre guerre avec la Prusse, il vit nos généraux violemment attaqués par les journaux de la colonie, lorsqu'il vit le principe d'autorité presque détruit dans leurs personnes, lorsque la République enfin, selon lui gouvernement faible, toléra l'agitation dans les rues de nos villes et permit aux comités de défense de remettre tout en question, aussi bien en Algérie que dans la métropole, il laissa dire autour de lui qu'il n'y avait plus de France, qu'il n'y avait plus d'armée, puisqu'un avocat pouvait bien être ministre de la guerre, et dès lors il ne devait plus lui être possible à un moment donné, en aurait-il eu le désir, d'être maître du fanatisme musulman, toujours prêt à se réveiller.

Les colons, ou du moins les habitants de Constantine, de Sétif ou de Bordj, disposés à voir dans les chefs arabes les détenteurs arbitraires de terrains qui doivent dans l'avenir leur appartenir, considéraient d'un œil jaloux l'opulence du bach-agha, le tenaient dans une suspicion blessante, et trouvaient dans nos journaux un écho de leurs aspirations et de leurs craintes.

Ces articles de journaux que les chefs indigènes se faisaient fidèlement rapporter, leur démontraient que leur règne était fini, et que le renversement de leur puissance était la conséquence inévitable de la pratique du régime civil.

Le décret du gouvernement de la défense nationale qui naturalisait Français les israélites indigènes, produisit aussi le plus déplorable effet. Si l'Arabe de la tente aime peu l'Arabe des villes, à qui il reproche sa vie sédentaire et le bien-être dont il s'enorgueillit, il déteste le juif, dont il est le tributaire par sa paresse et la disposition de ce dernier à se rapprocher de la civilisation française : au point de vue religieux, son mépris arrive à un degré tel qu'il considère même comme un déshonneur de le tuer.

Souvenons-nous avec quelle fierté les Arabes regardaient ces nouveaux Français monter la garde aux portes de nos villes ! Avec quelle haine mêlée de dédain ils les voyaient, sur nos places, faire l'exercice et tenir une arme qu'ils étaient malhabiles à porter ! Ils sentirent comme une injure l'honneur que nous faisions d'élever à la qualité de Français des gens qu'ils accusent de n'avoir jamais tiré un coup de fusil et d'avoir la pusillanimité de la femme. Il m'est facile d'en donner une preuve caractéristique. Quand le bach-agha accusa réception du décret Crémieux au capitaine Olivier, il écrivit familièrement, en post-scriptum, cette phrase originale : « Ce qui me vient de la main d'un juif, je ne saurais l'accepter ; j'aimerais mieux le recevoir de la main d'un soldat, dût-elle me frapper. »

Le bach-agha, comme la grande majorité des chefs arabes, avait gravement compromis sa fortune. Afin de s'entourer du faste traditionnel, d'entretenir de nombreux serviteurs qui viennent en véritables parasites vivre autour de la Smala [1], les chefs indigènes ont eu recours à nos maisons de crédit, et les taux élevés sinon exorbitants des sommes empruntées les menaçaient avant peu de la perte de leurs biens. A l'époque de la famine, disait-on, Bordj-Medjana avait tenu sa porte ouverte aux malheureux, et le Mokrani y avait montré trop de générosité.

Quoi qu'il en fût, supportant mal, dans leur orgueil, l'idée d'un changement d'existence, incapables de rétablir leur position par leur industrie ou par une sage économie, la guerre se présentait à eux comme une espérance de libération. Si elle ne leur était pas favorable,

[1] Smala, campement des chefs indigènes.

ils sauvaient du moins leur amour-propre en devenant victimes, et en donnant la guerre pour raison de leur ruine.

Il existait entre le bach-agha de la Medjana et son cousin Mohammed-ben-Abd-es-Sellem, caïd [1] de Tassera, une rivalité de famille de vieille date, antérieure de quelques années à la prise de Constantine. Abd-es-Sellem n'eut garde de laisser échapper une occasion de vengeance. Afin de compromettre le bach-agha, il maintenait la tranquillité chez lui pendant qu'il faisait commettre des violences sur le territoire de son cousin, et faisait à qui voulait l'entendre un pompeux étalage de son dévouement.

Ces intrigues semblaient avoir réussi, car à Sétif aussi bien qu'à Bordj, le bruit s'accréditait qu'Abd-es-Sellem aurait la succession de son cousin.

[1] Caïd ou kaïd, chef de la tribu.

Le capitaine Olivier était connu pour ne pas approuver cette politique ; aussi les habitants de Bordj ne se contentaient pas de l'accuser de les mener à l'abîme par une mauvaise administration, mais ils allaient jusqu'à craindre de la part de cet officier la plus noire et la plus incompréhensible trahison. Le commissaire civil, nouveau venu dans le cercle, ne faisait pas assez d'efforts pour faire taire d'aussi incroyables soupçons, cherchait à grandir son importance, et en recevant les caïds usait auprès d'eux d'une diplomatie qui ne pouvait les convaincre, et qui ne témoignait que de son impuissance à arrêter l'insurrection sur sa pente fatale.

J'assistai, le lendemain de mon arrivée, à la retraite des ouvriers de nos chantiers de la Kabylie. Ces pauvres gens se plaignaient hautement des caïds chargés de protéger leur retour, et M. l'interprète Valette avait vu comme eux que, loin de leur venir en aide, les chefs arabes, le caïd Ahmoud notamment, encourageaient au pillage du convoi.

Les deux ou trois cents hommes que je recevais là, presque tous anciens soldats d'Afrique, armés de carabines ou de fusils de chasse, habitués à défendre journellement leur vie contre des maraudeurs kabyles, venaient m'apporter un sérieux renfort : le colonel Bonvalet m'avait prévenu, du reste, que je devais compter sur eux.

Il n'y avait alors à Bordj que la 4ᵉ et la 6ᵉ compagnie du 1ᵉʳ bataillon du 43ᵉ mobiles (des Bouches-du-Rhône), commandées par les capitaines Layné et Dreyssé, trois cents hommes à peu près, quatre-vingts ou cent miliciens et vingt-cinq spahis. Je passai, sur la place, tout mon monde en revue, sans oublier deux vieux canons qu'un habitant de Bordj avait habilement mis sur affût.

Tel était le commandement qui m'était donné : mission précise, car elle était toute militaire, étranger que j'étais aux affaires arabes, et je n'avais qu'à réunir en un faisceau les éléments divers dont se composait la défense. Dès le premier jour la confiance de tous me fut acquise.

Les ouvriers, malheureusement, ne séjournèrent que peu de jours à Bordj, et se retirèrent à Sétif, Constantine ou Philippeville. J'utilisai leur court séjour. Sous les ordres de leurs entrepreneurs et de leurs conducteurs, ils achevèrent rapidement les ouvrages commencés.

Dans la crainte de les voir enlever par une surprise de nuit, et afin d'avoir plus de monde aux barricades, je fis rentrer dans l'intérieur de la ville vingt-cinq gardes mobiles qui étaient en poste avancé sur le marché arabe. Je fis évacuer également une petite maison extérieure où avaient été isolés les varioleux, et ne voulant pas chercher longtemps pour eux un logement convenable, je leur fis partager la maison que j'occupais.

Nous étions inquiets du capitaine Duval. Il avait reçu l'ordre de quitter l'annexe de Tasmalt, qu'il commandait, et de rentrer à Bordj. Il arriva enfin sans avoir été attaqué, mais une circonstance de son retour prouvait bien que le bach-agha était débordé déjà par son entourage et qu'il hésitait encore. En approchant de la Medjana, le capitaine Duval fut engagé par des hommes du goum du bach-agha à passer par son bordj, et pendant qu'il faisait ce détour qui lui sauvait la vie peut-être, les Arabes conducteurs de son bagage de campagne étaient pillés en suivant la route ordinaire, ou plutôt partagèrent en bons frères tout ce qui appartenait au capitaine.

Le bach-agha se plaignait hypocritement d'une situation qu'il eût pu, avec la clairvoyance dont il était doué, rendre toute différente : il offrait sa démission, et manifestait le désir de se retirer en Tunisie. Le télégraphe lui apportait encore des dépêches : « Tu as tort, lui disait paternellement le général Lallemand, d'écouter de mauvais conseillers, ta position n'est pas aussi menacée que tu peux le croire ; viens me voir à Alger, tu me connais, tu sais que tu dois avoir confiance en moi, tout peut s'arranger. » Le capitaine Olivier lui portant cette dépêche et lui parlant dans le même sens, sembla le décider à envoyer un de ses frères à Alger ; c'était pour nous quelques jours de gagnés[1].

---

[1] Le bach-agha demanda en ce moment une entrevue. J'avais le plus grand désir d'y assister, afin de juger par moi-même de la disposition d'esprit de ce chef arabe. Mais ma mission bien nettement définie me commandait de conserver vis-à-vis de tous une indépendance absolue ; aussi dus-je, à mon grand regret, renoncer à cette intéressante visite. Les capitaines Olivier et Duval s'y rendirent seuls. On trouvera à la fin de ce volume une lettre du capitaine

Le capitaine Duval nous quitta pour rentrer à Sétif.

Depuis plusieurs semaines, les marchés avaient été supprimés, dans la crainte de quelque *nefra* [1]. Les Arabes venaient en petit nombre trafiquer en ville, nous regardaient attentivement travailler sans relâche, et s'en retournaient dans leurs tribus rendre compte, sans doute, de nos préparatifs de défense.

Comme mesure de prudence, j'exigeai que tous ceux des indigènes qui n'habitaient pas la ville n'y séjournassent pas sans carte après le coucher du soleil, et je recommandai à ceux qui voulaient nous rester fidèles de rentrer dans leurs demeures à la première alerte, afin d'éviter une méprise.

Enfin l'Aïd-el-Kébir arriva ! Mais, soit que

Duval qui me rend compte de l'important entretien qu'ils eurent avec le bach-agha.

[1] *Nefra*, tumulte, désordre, se terminant le plus souvent par des coups de fusil.

la paix de la France avec l'Allemagne, dont la nouvelle fut promptement répandue dans les tribus, les eût fait hésiter, soit que nos barricades bien gardées leur eussent donné à réfléchir, ce jour menaçant se passa sans incident. Je me laissai même offrir par les spahis une fantasia arabe, et je leur permis, comme tous les ans, de faire parler la poudre.

Dès ce moment-là nous étions à peu près bloqués ; des goums armés sillonnaient la plaine ; la voiture de Sétif à Bordj ne voyageait plus sans escorte de spahis, les courriers n'arrivaient plus régulièrement, et nous avions à craindre chaque jour de les voir enlever ; enfin toutes les nuits des feux s'allumaient autour de nous, et des incendies de maisons de colons préludaient à l'insurrection.

Un soir, des coups de feu s'entendirent à une distance peu éloignée et me firent ordonner de prendre les armes, non pas tant dans

la crainte d'une attaque, car j'étais exacte-
ment renseigné, que pour m'assurer que les
mesures que j'avais prises étaient bonnes ou
avaient besoin d'être modifiées. L'inquiétude
de la population était grande ; nous sûmes le
lendemain que ces coups de feu avaient été
tirés par des voleurs sur une ferme rapprochée,
et que l'homme qui en était le gardien n'avait
sauvé sa vie qu'en se cachant sous une meule
de foin.

Le préfet de Constantine écrivait dans le
même temps au commissaire civil, et lui demandait s'il pouvait, la tranquillité du pays ne
lui paraissant plus menacée, renvoyer les ouvriers dans leurs chantiers de Kabylie. Le commissaire civil communiquait cette dépêche au
commandant supérieur, et en recevait cette
réponse : « Moins que jamais. »

C'est que nos espions ne restaient pas inactifs ; nous savions qu'on n'était pas tout à fait

prêt chez nos ennemis, que la poudre leur manquait encore, et que le bach-agha faisait des démarches pressantes auprès de son cousin Si-Saïd-ben-bou-Daoud, caïd du Hodna, et lui demandait de prendre, comme l'aîné des Ouled-Mokran, la direction des insurgés. Bou-Daoud refusait de se ranger sous le drapeau insurrectionnel, incapable qu'il était de rester longtemps à cheval, et manquant de l'énergie et de l'activité nécessaires à un homme de guerre.

Nous apprîmes aussi qu'une scène violente avait eu lieu à la Medjana, que les frères du bach-agha l'avaient sommé, avec menaces, de se prononcer énergiquement, disant qu'ils s'étaient compromis pour sa cause, et qu'il était leur chef.

Le bach-agha demanda au gouverneur de la province la permission d'aller dans le Hodna, sous le faux prétexte de protéger ses trouj'aux; la vérité était qu'il voulait s'entendre avec Bou-Daoud, et chercher de la poudre.

Si cette permission lui était refusée, personne ne pouvait l'empêcher de mettre son projet à exécution, et par ce fait seul il devenait insurgé. Or, on voulait gagner du temps, on voulait donner aux troupes annoncées de France le temps d'arriver.

Le général administrateur de la province était d'avis d'accorder à Mokrani la permission qu'il sollicitait, car il voyait, comme nous, que c'était retarder de cinq ou six jours le commencement des hostilités. Le 14 mars, il adressa au capitaine Olivier cette dépêche sévère : « Dites au bach-agha qu'il m'adresse officiellement sa démission; mais jusqu'à ce qu'elle soit acceptée par le gouvernement, nous le rendons responsable des désordres qui pourront avoir lieu dans son commandement. » La réponse à cette dépêche ne se fit point attendre.

Le 15 au matin, on m'apporta deux lettres, l'une adressée au général Augeraud, commandant la province de Constantine, l'autre au capitaine Olivier; elles étaient en entier écrites de la main du bach-agha. La première, après les salutations d'usage, disait : « Je vous remercie de vos bonnes paroles, je vous remercie de la bonté que vous m'avez toujours témoignée et dont je garderai le meilleur souvenir; mais je ne puis vous répondre qu'une chose : J'ai donné ma démission à M. le maréchal de Mac-Mahon, qui l'a acceptée. Si j'ai continué à servir la France, c'est parce qu'elle était en guerre avec la Prusse, et que je n'ai pas voulu augmenter les difficultés de la situation. Aujourd'hui la paix est faite, et j'entends jouir de ma liberté. Vous le savez, je vous l'ai dit : je ne puis accepter d'être l'agent du gouvernement civil, qui m'accuse de parti pris et déjà désigne mon successeur. Cependant on verra plus tard si l'on a raison d'agir ainsi, ou si c'est moi qui ai tort. Mes serviteurs sont arrêtés à Sétif et à Aumale, et partout l'on affirme que je suis insurgé ; pourquoi ? parce que l'on veut me condamner. Eh bien ! je n'échangerai avec ces gens-là que des coups de fusil, et j'attendrai. J'écris à M. Olivier que je refuse mon mandat de février et qu'il ait à se tenir sur ses gardes, car je m'apprête à combattre. Adieu. *Signé :* Mohammed-ben-el-Hadj-Ahmet-el-Mokrani [1]. » La deuxième disait, après les salutations d'usage : « J'ai reçu la lettre par laquelle vous me transmettez les instructions du général de Constantine, qui a écrit que ma démission n'était pas acceptée et que je restais responsable des tribus placées

---

[1] Traduction parallèle de M. l'interprète du bureau arabe et de l'interprète de M. le commissaire civil.

sous mon commandement. Veuillez lui faire connaître que M. le maréchal de Mac-Mahon avait accepté ma démission, et que si j'ai attendu jusqu'aujourd'hui pour revendiquer ma liberté, c'est en raison seulement de la guerre soutenue par la France contre la Prusse. Aujourd'hui la paix est faite, et je suis délié de mes promesses. Veuillez l'informer aussi qu'il ne saurait m'imposer aucune responsabilité pour des faits qui se commettent à la faveur de l'anarchie. Vous connaissez la cause qui m'éloigne de vous ; je ne puis que vous répéter ce que vous savez déjà : je ne veux pas être l'agent du gouvernement civil. Je vous renvoie le mandat de février ; je refuse de le toucher, et je ne veux plus, dans les circonstances où nous sommes, exercer l'emploi que j'occupais. Je m'apprête à vous combattre ; que chacun, aujourd'hui, prenne son fusil ! Transmettez vite, je vous en prie, à M. le général Augeraud, la lettre que je vous envoie à son adresse. Adieu, je vous salue. »

C'est moi qui recevais cette véritable déclaration de guerre ! Le télégraphe était coupé, le général Augeraud ne reçut jamais cette lettre, que je me crus en droit de faire traduire dans des circonstances aussi pressantes.

Un cadi des environs, Si-Lassen, vint au même moment me trouver en cachette ; il m'apprit qu'une sorte de conseil de guerre avait été tenu la veille à la Medjana ; que le bach-agha voulait se porter sur Sétif pour entraîner le pays et détruire les villages de la colonisation, mais que d'autres chefs se faisaient fort d'enlever Bordj, et voulaient commencer par là les opérations, disant le retentissement qu'aurait un pareil succès et quelle influence il aurait pour donner la mesure de la force des insurgés. Ce dernier avis avait prévalu, me disait Si-Lassen ; il me prévenait que je serais attaqué selon toute probabilité le lendemain, mais il m'assurait également que dès que le bach-agha aurait prononcé son mouvement sur Bordj, il tomberait sur ses derrières avec un contingent de sept cents hommes au moins ; promesse faite avec bonne foi peut-être, mais dont nous n'attendions aucun effet.

III

Au matin du 16 mars, pendant que chacun était à son poste, nous vîmes plusieurs spahis, parmi lesquels le brigadier indigène Sghier-ben-Adda, passer à l'ennemi en emmenant leurs chevaux, sans que nos balles aient pu les arrêter dans leur défection.

Vers huit heures, par un beau soleil de printemps, les rebelles s'avancèrent dans le col d'Aïn-Sriga, tandis que des hauteurs avoisinantes les chefs assistaient à leur défilé. A pied au milieu de ces chefs, on distinguait, à un burnous d'une blancheur éclatante, le bach-agha, entouré de son goum de cavaliers. On le voyait recevant les hommages de tous, leur donnant les dernières instructions, les encourageant à la lutte sainte.

Ce n'était pas seulement de ce côté que je devais porter mon attention, je devais encore surveiller l'attaque dans les autres directions.

Dans l'offensive, contre une position surtout, il y a généralement une vraie et une fausse attaque, et ce n'est souvent qu'après les premiers engagements que l'on peut distinguer l'une de l'autre. Mais dans une plaine comme celle que je dominais, dans un pays dénudé où il est impossible de dissimuler une manœuvre, du point élevé où je m'étais placé il ne me fallut pas longtemps pour voir de quel côté j'avais sérieusement à craindre.

Comme j'étais loin alors de ces mouvements prévus de nos camps d'instruction ! L'esprit marche, à la guerre, avec la rapidité de l'action que l'on voit se dérouler devant soi, et l'énorme responsabilité qui incombe au chef lui donne un calme et un sang-froid dont il est nécessaire d'avoir fait l'épreuve : il faut une attention soutenue, avoir du coup d'œil afin de ne pas lancer imprudemment un ordre qui pourrait être fatal... En somme, ce doit être la plus brillante émotion qu'il soit donné à un homme d'éprouver.

Pendant que la ligne ennemie se formait et s'avançait en ordre vers la ville, on entendait le cri des femmes arabes enflammant le courage de leurs hommes. Ces cris (ces you-you), joyeux les jours de fête, ont au moment du combat quelque chose de sauvage et de pénétrant qui sent la bête féroce. Elles sont sans pitié, ces furies, et font subir à nos soldats, quand ils tombent blessés entre les mains des Arabes, les traitements les plus cruels, les plus infâmes violences.

Le feu avait commencé, et parmi les balles qui venaient en sifflant s'aplatir sur le mur contre lequel j'étais appuyé, on distinguait fort bien les balles de chassepot des spahis déserteurs. Pendant que je lorgnais les ennemis les plus rapprochés, je remarquai sur eux l'effet de ma lorgnette. Je serais tenté de penser qu'ils me croyaient porteur d'un engin de guerre, car dès que je la portais devant mes yeux je les voyais se retirer précipitamment derrière un mur, et m'envoyer quelques balles dès que j'abaissais le bras. J'étais accompagné d'un ordonnance alsacien, excellent tireur, qui me faisait voir que je servais de point de mire; mon pantalon et mon képi rouge me faisaient distinguer parmi les mobiles. Mon clairon était aussi plein de sollicitude pour moi, et me donnait à rire quand il me disait : « Si vous allez ainsi, mon commandant, nous ne vous aurons plus ce soir. — Oui, continuait mon Alsacien, paissez-fous, vis êtes trop grand, ils voient trop votre képi ruche ! »

Les cavaliers restaient à distance pendant que les hommes de pied se glissaient dans les

canaux d'irrigation et dans l'Oued qui descend
de la fontaine romaine vers le sud. Ainsi à
l'abri, ils s'avançaient vers l'ouest afin de
nous entourer par là, en même temps que
les Ouled-Khelouf s'avançaient du sud et se
dissimulaient derrière le bordj du commandant supérieur. Ces derniers se fortifiaient
dans cette position importante, la crénelaient,
et se trouvaient ainsi à moins de trois cents
mètres du fort.

Les barricades du côté nord étaient sous la
surveillance du capitaine Layné et de M. Raviot, lieutenant de sa compagnie ; sous leur
direction je pouvais compter sur leurs hommes.
Ces mobiles n'étaient armés que de fusils à
percussion, et après leur avoir donné la satisfaction de tirer leurs premiers coups de fusil,
je leur interdis complétement de répondre à
grande distance, afin d'économiser les cartouches. Le capitaine Olivier défendait le bu-

reau arabe et avait sous ses ordres M. le sous-
lieutenant de Saint-Marc à la barricade la plus
voisine de l'église. Les deux rues qui vont du
cours Théodose au marché arabe étaient défen-
dues par les miliciens, sous le commandement
de M. Paulet; enfin, la grande barricade qui
faisait face au bordj du commandant supérieur,
et qui s'appuyait au bastion n° 6 du fort, était
sous les ordres du capitaine Dreyssé. M. le
sous-lieutenant Monod lui était adjoint, et
la surveillance de ces deux officiers devait
s'étendre sur la barricade et sur la cour extérieure (cour Paulet) de la première maison de
la ville.

Suivi de M. l'interprète militaire Valette, je
ne cessais d'aller de barricade en barricade, afin
de m'assurer que les ordres étaient bien compris et bien exécutés, et tâcher de pénétrer
les projets de nos ennemis.

Vers midi, les Arabes avaient vu l'inutilité

de leur feu et l'avaient beaucoup diminué. Allaient-ils se décider à l'assaut général de toutes nos barricades à la fois? Je devais m'y attendre.

A ce moment, un groupe de cavaliers, parmi lesquels probablement un membre de la famille des Ouled-Mokran, se portèrent brillamment au galop vers la ville, précédés de leur porte-fanion Ahmet-ben-Maklouf. Il y avait quelque chose de chevaleresque dans cette attaque superbe! C'était le signal attendu. Les cavaliers passèrent sous notre feu en faisant le tour de la ville. Ahmet-ben-Maklouf ne tarda pas à être jeté à terre par une balle que lui envoya le capitaine Olivier; les autres se firent pour la plupart tuer ou démonter près du marché arabe. Les rebelles suivirent cette direction en rampant dans les fossés, et s'établirent dans toutes les maisons extérieures : quelques-uns même firent une brèche dans le mur d'une cour et menaçaient de déboucher sur le cours Théodose, près de l'église.

Il était deux heures. Au moment où j'arrivais au haut de la rue des Bains-Maures, les défenseurs de la barricade du bas, menacés d'être pris à dos, l'abandonnaient en fuyant ; c'étaient en grande partie des israélites. Je les arrêtai vigoureusement, et levant alors mon fusil au-dessus de ma tête, je courus dans cette rue en appelant : « A moi les mobiles ! » M. le sous-lieutenant de Saint-Marc, témoin du péril que courait en ce moment la défense, s'élança avec moi accompagné de quelques hommes, et nous replaçâmes à leur poste ces gens démoralisés.

Sans perdre une seconde, je mis à la disposition de M. Paulet une vingtaine d'hommes que j'avais en réserve, et il put, en cheminant dans ce pâté de maisons, faire évacuer la cour qui déjà était occupée.

3.

Peu s'en était fallu que la ville ne fût envahie de ce côté. Le moment avait été critique, et en effet, si l'ennemi avait pénétré tout d'un coup au centre de la ville, les défenseurs des barricades eussent été obligés de les dégarnir pour faire face du côté opposé; c'eût été sans doute le signal d'un assaut général : dans tous les cas, un grand désordre s'en fût suivi.

A partir de trois heures, le feu cessa presque complétement ; de notre côté c'était une sorte de repos, tandis que nos ennemis, qui augmentaient encore en nombre, employaient la plus grande activité pour s'établir dans toutes les maisons que la défense ne s'était pas réservées. Au bout de la rue de Bou-Saada, ils étaient à dix mètres à peine de la barricade.

Vers sept heures, je réunis les officiers placés sous mes ordres et les félicitai de la ferme attitude de leurs hommes pendant la journée ; si la nuit se passait sans que nous fussions forcés dans nos positions, la journée du lendemain ne pouvait manquer de nous donner un avantage complet, l'insurrection était vaincue dès le début.

Je dus cependant, tout en insistant sur la nécessité de défendre la ville jusqu'à la limite de nos forces, leur parler de l'éventualité de la retraite. Je leur donnai mes instructions, pour l'opérer en bon ordre sur le fort, mais je leur recommandai de garder pour eux seuls cette communication, et de maintenir de toute leur autorité les hommes qu'ils commandaient dans la confiance qu'ils avaient acquise.

La nuit venue, je fis partir pour Sétif trois courageux spahis : à chacun je donnai un louis; je leur dis de tirer trois coups de feu dès qu'ils auraient franchi le cercle d'ennemis qui m'entourait, et d'aller vite. Ils devaient remettre au colonel Bonvalet ce petit billet écrit au crayon sur mon genou : « *Attaqué depuis ce*

*matin, je ne considère les mouvements du bach-
agha que comme une prise de position pour la
nuit; je crois et j'espère pouvoir conserver la
ville; du reste, ayez confiance en moi, mon
colonel, chacun fera son devoir. »*

Les femmes, les enfants et les hommes hors
d'état de prendre les armes, étaient rentrés
depuis le matin dans le fort, sauvant leurs objets
les plus précieux, leurs effets de couchage, et
quelques vivres. Les bonnes Sœurs, elles,
étaient restées en ville dans leur maison ; elles
vinrent me trouver en ce moment, et me dirent
qu'elles allaient passer la nuit à prier dans
l'église. Je les en empêchai, et les obligeai à
se réfugier aussi dans le fort et à se mettre
provisoirement sous la protection de nos armes.

Le travail d'approche de l'ennemi reprit
avec une nouvelle intensité ; ses efforts ne tardèrent pas à se porter contre une maison à
gauche d'une tranchée du côté sud. A cette

barricade je dus maintenir les défenseurs en courant au-devant de ceux qui l'abandonnaient déjà et menaçant de brûler la cervelle au premier qui reculerait d'un pas, et j'allai chercher dans le fort M. le commissaire civil afin de lui faire voir la gravité de la situation. Je voyais la marche de l'ennemi : je savais qu'il avait envahi une cour de maison entre la rue de Bou-Saada et la rue des Bains-Maures, et dans quelques instants il allait déboucher au centre même de la ville. Seul sur la place, la main appuyée sur le bras de ɪ. ɔn clairon, j'attendais dans la plus grande anxiété les progrès de l'assaillant. Combien il m'en coûtait d'abandonner à une horde de sauvages cette malheureuse petite ville et les richesses de ses habitants ! Mais, hélas ! la situation était irrémédiablement compromise : je n'avais plus un seul homme en réserve, et il eût été impossible d'ailleurs de reprendre de nuit, comme je l'avais fait à deux heures, tout un pâté de maisons. Je me décidai, la rage et la douleur dans l'âme, à faire sonner la retraite.

A ma sonnerie, chaque poste se retira sur le fort dans l'ordre que j'avais indiqué ; j'eus le bonheur presque inespéré de ne perdre personne et de ne laisser dehors aucun des défenseurs.

Le dernier rentré fut M. le curé de Bordj. L'abbé Poux avait, toute la journée, fait le coup de feu à une barricade ; quand sonna la retraite, il courut à sa maison, et emporta, au péril de ses jours, les vases sacrés, qu'il sauva ainsi de la profanation des musulmans. Derrière lui, la porte fut solidement barricadée, et chacun se porta au poste de combat qui lui avait été d'avance désigné.

IV

Aussitôt l'incendie éclata de toutes parts, et à ses lueurs sinistres commença un épouvantable pillage, en même temps que des créneaux du fort nos balles atteignaient à coup sûr les pillards. C'était de notre côté une vraie rage de tuer : un homme était-il jeté à terre, plusieurs, en voulant l'enlever, venaient à leur tour rouler sur lui.

Des chèvres, des porcs, fuyant le feu, rôdaient effarés dans les rues, mêlant leurs cris aux vociférations de nos barbares ennemis et au son de la cloche de l'église.

Cette nuit du jeudi au vendredi fut saisissante d'horreur ; les femmes et les enfants priaient tout haut et demandaient au digne curé de Bordj une absolution générale, pendant que les miliciens assistaient impuissants à l'incendie de leurs maisons, et gémissaient sur la perte si rapide de plusieurs années de travail.

Le fort de Bordj-bou-Arréridj est situé sur

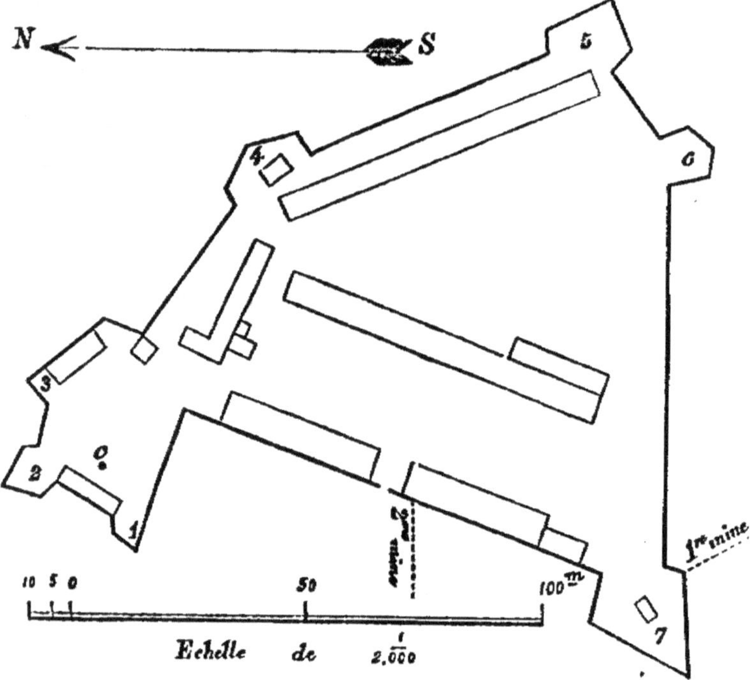

Plan du fort de Bordj-bou-Arréridj.

un mamelon qui ne domine que faiblement la ville du côté de l'est. Son tracé est bastionné mais irrégulier ; on y compte sept bastions, le n° 1 étant à gauche en entrant dans le fort, le bastion n° 7 à droite. L'escarpe est constituée par une muraille crénelée de 3^m50 de hauteur moyenne et de 0^m50 d'épaisseur, mais n'est pas précédée de fossés.

En arrière se trouve une banquette d'infanterie pour les tireurs placés aux créneaux. A l'intérieur du fort s'élèvent les bâtiments nécessaires au logement et à l'entretien d'une garnison de trois cents hommes et de quelques cavaliers. Contre la courtine d'entrée du fort on a appuyé : à gauche, la manutention, des chambres d'officiers et de sous-officiers, et le poste de police ; à droite, des chambres pour le médecin, le garde du génie, et des officiers. Au centre de la cour et entre les bastions 4 et 5, on a construit des baraquements pour les troupes et pour l'ambulance. Les autres constructions sont des écuries pour une vingtaine de chevaux et un petit magasin à poudre au centre du bastion 7. Entre les bastions 1 et 2 a été creusée une citerne contenant soixante mille litres d'eau, et alimentée par la fontaine de la ville : le 15 au soir la conduite avait été coupée, la citerne ne pouvait plus recevoir d'eau.

Le fort a dans son développement cent quatre-vingt-neuf créneaux, n'est construit qu'en vue d'une défense contre la mousqueterie, et n'est pas défilé des vues dangereuses des maisons voisines et du bureau arabe.

Aussi, dès le vendredi matin, des tireurs ennemis placés derrière des madriers, sur le faîte de deux maisons qu'avait épargnées l'incendie de la veille, rendirent-ils impossible le service des bastions 6 et 7 et la circulation dans l'intérieur des cours.

A la droite de chaque créneau, entre les bastions 7 et 6, je plaçai une porte ou de fortes planches afin de garantir les hommes qui y étaient placés, car cette courtine était enfilée par le feu du bureau arabe. Au moyen de caisses à biscuit superposées je préservai du feu plongeant de la maison Paulet les tireurs du bastion 7, et je fis percer à l'intérieur les murs de séparation afin que l'on pût circuler librement et aller d'un point à un autre de la fortification sans traverser les cours. Sans ces précautions, par le feu de trois ou quatre seuls tireurs munis d'armes de précision, j'aurais perdu vingt hommes par jour.

Je n'avais pas de projectiles pour mes quatre pièces. J'essayai de faire faire des boulets en pierre afin de démolir ces maisons, mais la pierre se brisait sans produire d'effet; l'un de ces boulets même écorna de dedans en dehors le sommet de la courtine 7-6. Je dus renoncer à leur emploi.

Et pendant que ce travail s'exécutait dans le fort, dans la ville le pillage continuait.

Dans la matinée, nous vîmes au loin un

prêtre donnant le bras à deux gendarmes : c'était l'agent de police indigène Ali qui s'était revêtu des habits de M. le curé, et qui se faisait ironiquement conduire par deux autres gredins comme lui, lesquels avaient pris la gendarmerie pour magasin de costumes. Un grand Arabe parut aussi habillé en capitaine de mobiles; le pantalon fait pour la petite taille de cet officier lui allait mal et laissait passer des jambes et des pieds nus. Quelques balles de chassepot firent promptement cesser cette grotesque mais triste exhibition.

La question de l'eau était de la plus grande importance ; je rationnai tout le monde à soixante-quinze centilitres par jour, et aux chevaux je donnai quatre litres, plus un litre de barbotage. Je consommais encore douze cents litres d'eau par jour ! Nous avions du biscuit, mais on ne pouvait plus faire la soupe, et il ne fallait pas plus penser à sa toilette qu'à laver les ustensiles de cuisine.

Les habitants s'étaient logés à leur guise en se réfugiant dans le fort, et dans la chambre du docteur, où je me trouvai arriver, nous étions nombreuse compagnie. Sur l'unique lit, trois dames[1], puis, sur des matelas, par terre, le docteur et un employé des contributions directes, l'interprète du bureau arabe, deux ordonnances et moi. Ce fut une bonne fortune pour moi que de tomber dans cette maison-là ; ces dames avaient eu la précaution de sauver le plus de choses possible, et réussissaient avec presque rien à faire une fort bonne cuisine. D'un caractère très-gai et ne pensant pas au danger, elles étaient pleines d'attention pour nous tous, pour moi surtout, pendant les courts instants que me donnaient les occupations de mon commandement. Jamais un mot de récrimination ne s'entendait, jamais un mot.

[1] Mme J^r..., Mme B..., et sa sœur, Mlle Justine M...

malveillant n'était prononcé contre personne. Il n'en était pas ainsi partout ; et dans les chambres voisines je fus obligé, bien souvent, de faire taire des discussions trop bruyantes.

La nuit on ne dormait pas, ou l'on dormait peu, et l'on se couchait comme on pouvait.

Auprès du lit, c'était un véritable arsenal : six ou sept fusils de chasse, trois ou quatre chassepots, autant de fusils de munition ; jour et nuit le feu ne cessait pas. Le créneau de cette chambre enfilait la rue de Bougie jusqu'à la place de la fontaine, et fut un de ceux, sans contredit, qui firent le plus de mal aux Arabes. Le soir de l'incendie, le docteur et son ordonnance Burger en tuèrent au moins trente à eux deux. Valette et moi en mîmes bien hors de combat une demi-douzaine chacun.

J'avais divisé en secteurs toute l'étendue de la fortification, et chaque secteur était placé sous le commandement d'un officier.

M. Paulet était avec les miliciens dans le bastion n° 7 ; le capitaine Olivier était placé au bastion n° 6, et avait avec lui le maréchal des logis Videau, du 3ᵉ spahis, qui guettait sans cesse le misérable brigadier qui avait déserté notre drapeau. Le capitaine Dreyssé avait la surveillance de la courtine 5-4, et le capitaine Layné, ayant sous ses ordres le lieutenant Raviot, était chargé des petits bastions 1, 2 et 3. Je m'étais réservé le commandement direct de la porte et de la courtine entre les bastions 1 et 7, MM. les sous-lieutenants de Saint-Marc et Monod y alternant pour le service. Pendant la nuit une réserve était prête à se jeter sur la porte si elle cédait sous l'effort des assiégeants, et je l'avais placée sous le commandement du sergent de zouaves Castell : elle était en bonnes mains.

Chaque chef de secteur avait à sa disposition, pour la nuit, cinq ou six tampons imbibés de pétrole ou de térébenthine ; au moindre bruit, il faisait descendre par un créneau ce tampon enflammé, et éclairait ainsi le pied du mur menacé.

Toutes les familles, tous les enfants avec leurs pleurs et leurs cris, gênaient énormément la défense, logés qu'ils étaient dans les chambres avoisinant la porte.

Une nuit, je fis évacuer tous ces bâtiments, et organisai une chambre commune dans les baraquements du milieu de la cour. Le bout de cette bizarre chambrée avait été réservé aux bonnes Sœurs de Bordj, si dignes d'intérêt.

Là, on faisait, le soir, la prière en commun, et on n'oubliait pas de la terminer en demandant à Dieu de conserver à tous « leur bon commandant ». Je recommandais fréquemment la propreté, base de la santé dans une telle agglomération ; je veillais au feu, je m'efforçais de donner du courage aux moins braves, et de faire passer dans l'esprit de tous la confiance dont j'étais animé.

Dans un autre baraquement, j'avais placé les israélites et les indigènes musulmans. Là, c'était l'infection même, car ces aimables familles n'avaient pas négligé d'apporter avec elles une ample provision de ces insectes sans lesquels elles ne peuvent pas vivre. On y mourait toujours de soif : lorsque la distribution d'eau se faisait, chacun buvait sans réflexion et ne conservait rien jusqu'au lendemain ; j'étais alors obligé de donner quelques bidons de supplément aux enfants qui souffraient. Un tel état de choses ne pouvait durer.

A peine entré dans le fort, le capitaine Olivier me proposa de faire parmi les musulmans une première épuration ; à tous nous donnâmes la liberté de nous quitter ou de rester ; le quart environ était parti. Deux jours après, je pris une mesure radicale, et je fis passer au moyen

4

d'une corde, par-dessus le mur, tout ce monde-
là, femmes et enfants, avec leur petit sac de
froment et d'orge, leurs frusques empestées,
toute leur fortune enfin.

Cette exécution était nécessaire : presque
tous ces Arabes ne demandaient qu'à se ranger
du côté du plus fort, se mettaient aux créneaux par curiosité, si ce n'était pour communiquer au dehors; il y avait certainement bien
des traîtres parmi eux. Je permis cependant
aux Mozabites de rester avec nous, parce que
la haine que les Arabes leur portent était un
sûr garant de leur fidélité. Je plaçai sous une
surveillance sévère quelques hommes suspects
ou dangereux, les assurant qu'au premier indice
compromettant j'enverrais rouler leur tête aux
pieds de leurs coreligionnaires. Ils se le tinrent
pour dit.

Les israélites avaient installé déjà dans la
chambre commune un petit bazar et se livraient

au commerce. Je les avais désarmés pour la plupart, — car ils donnaient trop l'exemple de leur pusillanimité proverbiale en Afrique, — afin de donner leurs armes aux Mozabites ; et je leur laissai vendre les provisions qu'ils avaient sauvées, le tabac excepté, que je distribuai aux combattants.

D'une maison voisine du bastion n° 2, on ne cessait d'appeler nos spahis ; on leur donnait et on leur demandait des nouvelles. Près d'eux, avec l'interprète, je dirigeais leurs réponses et je dictais les demandes à faire.

Bientôt un émissaire du bach-agha, bien connu du capitaine administrateur, lui dit que le bach-agha désirait lui parler, et lui demandait de se rendre auprès de lui. Le capitaine, qui n'avait pas encore perdu confiance en son influence personnelle auprès du bach-agha, me demanda de lui permettre de se rendre à ce rendez-vous. Il me semblait que c'était inutilement compromettre la vie d'un brave officier, je refusai. Dans la journée, les demandes du bach-agha devinrent plus pressantes, plus pressantes aussi les sollicitations du capitaine, qui m'assurait qu'il n'avait rien à craindre pour sa vie, qu'il saurait beaucoup, qu'il verrait d'un coup d'œil quels étaient les contingents dont disposait notre ennemi; il y avait encore espérance peut-être d'arrêter l'insurrection.

18 *mars*. — Se couvrir d'un burnous, monter à cheval et partir au galop, fut l'affaire de quelques secondes.

Ce départ, dont on ne me croyait pas informé, causa dans ma garnison, parmi les miliciens surtout, qui conservaient toujours des craintes de trahison, une émotion vive. Je calmai facilement ces appréhensions. Je fis dire au capitaine de rentrer promptement, et me transportant au bastion n° 7 qu'occupaient les miliciens, je leur exposai que c'était tout sim-

plement un officier français qui jouait sa tête,
pour leur rendre peut-être un grand service ;
je leur dis d'être calmes, d'attendre, que je
restais là, résolu comme toujours à les commander et à les défendre, décidé à mourir avec
eux.

Moins d'une heure se passa, et je vis revenir
le capitaine en compagnie de Mohammed-ben-
Couider, proche parent du bach-agha. Mohammed-ben-Couider arriva jusqu'au pied du
bastion n° 5, pendant qu'on jetait une corde
au capitaine. M'adressant alors au chef arabe :
« Que veux-tu ? lui dis-je ; tu n'es pour moi
qu'un rebelle ; ordonne à tes soldats de déposer
les armes et de rentrer dans leurs tribus, et va
faire ta soumission à qui de droit. Sache bien
que vous n'entrerez jamais ici, et que j'ai
poudre et plomb pour vous recevoir. » Mohammed-ben-Couider se retira à distance, pendant
que le capitaine Olivier recevait les félicitations

de tous et me rendait compte de ce qu'il venai d'apprendre.

Le bach-agha, après lui avoir offert du lait qu'il goûta le premier devant lui, selon l'usage arabe, lui fit voir qu'il disposait de plus de six mille hommes, lui dit qu'il enlèverait le fort, si ce n'est au premier assaut, du moins au second ou au troisième, lui affirma que la colonne que nous espérions voir arriver, après être sortie de Sétif, était rentrée, trop faible pour poursuivre sa marche, mais que par amitié pour lui aussi bien que pour épargner le sang de ses hommes, il serait heureux de sauver la vie des femmes, des enfants et des défenseurs renfermés dans le fort. Il lui proposait donc de faire escorter tous ces gens jusqu'à Sétif par des cavaliers de son propre goum.

Avec le fanatisme musulman, avec une armée aussi peu dans la main de son chef que l'était celle que j'avais à combattre, accepter c'eût été vouer tout ce monde au massacre : mes instructions me le défendaient d'ailleurs, car elles étaient formelles.

Jusqu'au retour du capitaine Olivier, j'avais donné l'ordre de suspendre le feu, recommandant aux seuls créneaux des flancs des bastions de tuer impitoyablement quiconque s'approcherait du pied des murs. J'allais répondre négativement, quand une nuée d'Arabes vint nous entourer et se masser en avant de la courtine, entre les bastions 7 et 1. Le capitaine Olivier monta alors au-dessus de la porte, qu'il dominait de toute sa hauteur, dit à tous de se retirer, que c'était l'ordre du bach-agha ; les uns hésitaient, d'autres voulaient l'attaque ; deux balles furent tirées sur le capitaine. Ce fut le signal.

Comme des furieux, ils se précipitèrent sur la porte et sur le saillant du bastion 7. Dans leur ignorance ils se croyaient en sûreté parce

que le feu n'arrivait pas directement sur eux.
En moins de quelques minutes, cent cinquante
hommes furent couchés à terre par les créneaux
des bastions 6, 7 et 1, et cela avec une telle
précision que pas un ne fut tué à plus de deux
mètres du mur. Quelques-uns n'avaient pour
armes que des bâtons, d'autres avaient des
pioches pour faire tomber sous leurs coups la
faible porte du fort.

Cette brusque riposte parut les dégoûter,
et dans leur retraite ils jonchèrent de leurs
morts le terrain environnant.

Le feu cessa jusqu'à la fin du jour, les
hommes placés sur les toits des maisons conti-
nuaient seuls leur tir incommode.

Je descendis, quelques instants après, dans
la cave la plus rapprochée de la porte, et, avec
l'interprète, j'en entendais qui appelaient le
Prophète à leur aide ou demandaient au Dieu
de Mahomet de brûler ces chiens de Français;

d'autres faisaient leurs suprêmes adieux à leurs douars, à leurs familles. Quelques-uns aussi parlaient de leurs blessures, et conservant leurs pioches dans les mains, attendaient la nuit pour se sauver et se mettre peut-être encore au travail contre nous. Je dus empêcher, avec mon revolver, que de pareilles éventualités se réalisassent, en passant mon bras par le soupirail de la cave : je craignis même un moment de les brûler tous, car le feu se mit à un burnous et fit sauter une cartouchière.

J'entendais les râles de l'agonie ou les cris de la douleur : il y en eut qui ne rendirent le dernier souffle qu'après trois ou quatre jours d'atroces souffrances.

Mohammed-ben-Couider, en venant sous les murs de Bordj, m'avait demandé sa maîtresse, rentrée dans le fort le jour de l'attaque avec les autres israélites. Il avait remis au capitaine Olivier, pour lui servir de sauvegarde, un sachet en soie brodée renfermant de précieuses amulettes. Je montrai ce sachet à la belle juive; elle le reconnut aussitôt, mais elle voulut rester sous la protection des baïonnettes françaises, et refusa d'aller rejoindre son amant. Je conservai donc et femme et amulettes.

Les Arabes font la guerre, comme chassent les chiens courants, pour eux; aussi nous les apercevions, pendant le jour, conduisant dans leurs tribus leurs mulets chargés de butin, pendant que les chefs parcouraient la plaine avec leurs cavaliers, pour ramener en ville ces gens qui trouvaient déjà que la guerre leur avait assez rapporté. Ils réussissaient cependant à les faire rentrer le soir, et j'avais tout lieu de croire à une tentative de nuit.

Nous faisions bonne garde. L'attaque que nous avions repoussée avait eu cela d'avantageux que je n'avais aucun désordre à craindre, si un nouvel assaut nous était donné, car chacun avait appris à connaître le point précis qu'il devait défendre.

Nous attendîmes en vain, l'oreille tendue au moindre bruit, les torches prêtes à éclairer les courtines, les bastions et la porte du fort : la ville même semblait se vider, et aux cris de la nuit, on distinguait fort bien qu'aux Arabes avaient succédé les Kabyles. Que pouvait-il rester à ces pillards attardés ?

Nous eûmes alors quelques heures de pluie. Avec quel soin chacun s'empressa de recueillir le plus d'eau possible ! Tous les vases, toutes les toiles furent mises à contribution : on lava les assiettes et les autres ustensiles de table, on but avec bonheur, et chacun se donna la satisfaction de laver ses mains noires de poudre; chose plus importante, la boulangerie put remplir deux ou trois hectolitres. Du pain donc pour deux jours ! et le mulet aidant, on put faire la soupe.

Tous les matins, le goum du bach-agha, venant de Bordj-Medjana, prenait la direction de Sétif, et le soir, à quatre heures, rentrait de sa reconnaissance. La colonne tant attendue les inquiétait-elle ? Se dirigeait-elle sur Bordj ? Bien des yeux se fixaient du côté d'où pouvait venir la délivrance.

Je rassurai toutes ces impatiences. Je démontrai aux défenseurs du fort que, malgré un service pénible, pendant la nuit surtout pour éviter une surprise, ils pouvaient résister un grand mois, rationnés comme ils l'étaient pour l'eau, et ne tirant qu'à coup sûr pour économiser les cartouches : — il m'en restait encore plus de trente mille ; — mes calculs leur indiquaient en outre que la colonne ne pouvait arriver avant six ou sept jours.

Les morts entassés devant la porte ainsi qu'au saillant du bastion n° 7 menaçaient de répandre l'infection parmi nous, et je devais, avant longtemps, songer à m'en débarrasser. Les porcs qu'élevaient les Européens, ne trouvant plus leur nourriture de chaque jour, vinrent en attendant remplir cet office. On les voyait, par bandes, se disputer des lambeaux de chair ou des membres brisés, et on les entendait la nuit exprimer par leurs grognements leurs querelles ou leur satisfaction. Quelle honte pour des musulmans d'être mangés par les porcs des chrétiens !

Dans la nuit du 24, on entendit du bastion 7 des coups sourds et répétés. Était-ce une galerie de mine ? Je ne tardai pas à en avoir la certitude, car la galerie ayant été mal dirigée s'approchait de la surface, et sur le sol j'aperçus, par un trou presque imperceptible, la lueur d'une lampe. La direction était bonne, c'était celle de la poudrière. Le mineur n'était pas alors à plus de cinq mètres des créneaux, mais il marchait très-lentement, ne pouvant travailler qu'au maillet et au ciseau dans un roc schisteux, très-dur quand il n'a pas pris l'air.

Enlever la poudre pour la transporter dans une autre partie du fort, fut la première précaution prise ; puis ayant fait creuser jusqu'aux fondations l'intérieur du bastion, je traçai un contre-bastion avec créneaux en sacs à terre, en prenant la poudrière pour l'une des faces.

En quelques heures ce travail fut exécuté. Si l'ennemi faisait tomber l'angle qu'il menaçait, il me trouvait ainsi encore en bonne position contre lui. La porte était solidement barricadée, une sortie était presque impossible pour arrêter l'ennemi dans son travail ; je cherchais le moyen de faire couler du pétrole dans la galerie de mine. « Si vous voulez, me dit alors Paulet, — tant on devient arabophile après un long séjour en Afrique ! — en donnant vingt francs à un Mozabite, ou même en lui permettant de prendre les fusils de ces morts qui vont bientôt nous infecter, il descendra la nuit, versera dans le trou que nous voyons une bouteille de pétrole, et y mettra le feu. Je sais bien qu'il se fera tuer avant de remonter... mais, mon commandant, *tout ça c'est des Arabes.* » Le moyen, je dois le dire, me répugnait médiocrement. Cependant, je ne voulus pas l'employer encore ; j'avais le temps d'aviser !

Des créneaux de la porte d'entrée du fort, on entendit presque en même temps un autre travail souterrain ; là, le cheminement marchait plus vite, dans une terre rapportée qui avait acquis cependant assez de consistance pour pouvoir former voûte derrière le mineur.

Par rapport à cette seconde mine, mes craintes étaient plus grandes. N'ayant aucun des instruments nécessaires pour faire une contre-mine, je fis creuser à l'intérieur des petits bâtiments placés à droite, et arrivai en quelques heures, malgré une poussière affreuse, au pied des fondations. Pour salaire, je donnai quelques bidons d'eau à mes ouvriers.

Le 25, dans la journée, les mineurs de ce côté étaient arrivés au pied du mur, et on les entendait distinctement, à moins d'un mètre, commencer à désagréger les pierres des fondations.

Les hommes qui entreprenaient ainsi une attaque dont nos guerres précédentes en Algérie n'avaient pas donné d'exemple, étaient d'anciens ouvriers de nos chantiers qui avaient appris à notre école à faire usage de pics à roc, de barres à mine, etc., dont se servent les Européens.

Mais quel était leur but véritable ? Sauraient-ils faire un fourneau de mine ? en prendraient-ils le temps ? MM. Plateau et Dardilhac, le premier, conducteur des ponts et chaussées, le second, entrepreneur de travaux, doutaient d'une telle habileté, et le second croyait reconnaître cependant la main d'un de ses meilleurs ouvriers. Il faut d'ailleurs du ciment ou du plâtre, et ils en devaient manquer. Voulaient-ils tout simplement faire tomber un pan de mur en le démolissant au pied, et s'élancer en foule sur la brèche? Cela me semblait plus probable.

Nous étions prêts à tout événement.

Nous devions passer la nuit au fond de cette tranchée, armés de revolvers, de sabres ou de baïonnettes; un mobile s'était même muni d'une corde, prêt à prendre dans un nœud coulant et à m'offrir la tête du premier arrivant.

Je quittais à peine la cave, qu'une explosion sourde se fit entendre. M. le sous-lieutenant Monod, resté après moi, avait vu une étincelle, et l'explosion d'un petit baril de poudre l'avait suivie de près. Ils n'avaient pas su appuyer leur charge : l'explosion n'avait eu d'autre résultat que de souffler leur cheminement, sans endommager en rien le pied de nos murs.

Dès ce moment, toute préoccupation cessa de notre part ; car, du côté du bastion de la poudrière, la difficulté du sol semblait les avoir fait renoncer à leur travail.

Après leur insuccès, nous vîmes une grande quantité de Kabyles s'éloigner de la ville dans toutes les directions.

26 *mars.* — Le dimanche 26, trois coups de canon se firent entendre, annonçant la colonne de Sétif, et à onze heures un grand nombre de cavaliers du goum s'approchèrent sans méfiance de nos murs. Nous pûmes même parler à Mohammed-ben-Abd-es-Sellem, mais je ne voulus recevoir personne sans la présence d'officiers français. Je leur ordonnai d'aller

camper hors de portée, ou j'allais faire tirer. *Baroud, baroud!* (de la poudre, de la poudre!) était depuis plusieurs jours ma seule réponse, la seule réponse que je permettais de faire à toutes les demandes qu'on nous adressait, à tous les appels qu'on me faisait au bastion n° 2.

Enfin, deux officiers parurent, c'étaient les capitaines Duval et Humbel, précédant de quelques centaines de mètres le colonel Bonvalet. Le colonel de Dancourt du 3e spahis, le major de Chomereau du 8e hussards, l'accompagnaient. Je me hâtai de sortir, mais seul, allant au-devant de lui, et lui remettant les clefs de la porte du fort.

Au milieu de ce silence de mort, à la vue des ruines fumantes de cette petite ville qu'un mois auparavant il avait vue en pleine prospérité, son émotion fut grande. Il contempla avec dégoût ce monceau de cadavres, parmi lesquels une femme d'une beauté remarquable, exhalant une odeur infecte et à demi dévorée par les porcs.

Le colonel m'embrassa avec effusion devant mes hommes assemblés. « Merci, commandant, me dit-il; combien je me réjouis d'avoir vu juste, et de vous avoir envoyé ici ! » Je considérerai toujours de telles paroles comme la plus enviable des récompenses.

Le capitaine Olivier reçut, en présence de tous, les éloges qu'il méritait.

Le colonel passa en revue ma petite troupe, rangée en bataille au milieu de la cour, et adressa aux 4ᵉ et 6ᵉ compagnies du 43ᵉ mobiles, aux miliciens, ses remercîments pour leur belle conduite.

Une double ration de vin nous fut accordée, et nous l'acceptâmes avec reconnaissance, car il y avait plus de huit jours que nous en étions complétement privés. Usant, moi aussi, de mes pouvoirs, j'accordai sur-le-champ un litre d'eau

par homme : et pas un ne manqua à cette géné-
reuse distribution.

Le docteur Gentil présenta à son tour ses
blessés de l'ambulance, avec une modestie
qu'égalait seule l'habileté de praticien dont il
avait fait preuve. N'ayant pour aides, dans les
amputations ou autres opérations graves qu'il
fut obligé de pratiquer, que de jeunes infir-
miers inexpérimentés, il sut se montrer à la
hauteur d'une tâche difficile, et mériter la gra-
titude de ceux à qui il prodigua ses soins dé-
voués.

A côté de l'ambulance, je montrai la fosse
non encore comblée où étaient enterrés nos
morts. Ce n'est que la nuit que le fossoyeur
accomplissait la sinistre besogne, et elle n'était
pas exempte de danger. Nous avions là huit
hommes, parmi lesquels le maréchal des logis
de gendarmerie.

Ce maréchal des logis, en mettant la tête

à un créneau, avait reçu une balle au milieu du front. Je dus accorder à sa malheureuse femme la consolation suprême de le voir une dernière fois, et le soir même du jour où fut tué son mari, elle devenait mère !

Chacun, en sortant, reprit son chien ; j'avais, dès les premiers jours, sacrifié ces malheureux animaux que la privation d'eau rendait dangereux ; je les avais fait passer par-dessus le mur. Ils faisaient entendre, la nuit, des aboiements plaintifs, essayaient tous les moyens de rentrer, et tout le long du jour cherchaient des yeux leurs maîtres aux créneaux. Un singe et un chien, les inséparables compagnons d'un capitaine de garde mobile, ne se quittèrent pas pendant ces jours de malheurs, le singe toujours monté sur le dos du chien. Le pauvre singe, blessé, subit l'amputation de la jambe, mais il fut recueilli comme glorieux blessé par une compagnie de tirailleurs, et suivit avec un nouveau maître les opérations de la colonne.

Lorsque je fis ma première promenade en ville, je rencontrai une curieuse machine de guerre. C'était un énorme tombereau aux parois exhaussées avec des madriers et des planches, et blindé à l'avant au moyen de tôle, de plaques de cheminée ou de vieux tuyaux. Il était destiné à amener les assaillants jusqu'au pied de la fortification et à leur permettre ainsi l'escalade de nos murs.

Dans les maisons ce n'était que sang, que cadavres à demi brûlés ou à peine recouverts de débris.

En allant explorer la maison Paulet, j'eus la satisfaction de constater que l'échelle qui servait à gagner son faîte avait tous ses échelons teints de sang. Nous avions donc réussi à précipiter du haut en bas de son échafaudage un de ces tireurs qui nous avaient obligés à prendre tant de précautions contre leurs balles !

Nous apprîmes bientôt que nous avions été attaqués par six ou sept mille hommes, et que, tant le jour de l'attaque que pendant le siége, ils avaient eu sept cents hommes au moins tués ou blessés : et les blessés arabes survivent rarement à leurs blessures !

V

La colonne Bonvalet alla camper à quelque distance au nord de la ville, ses avant-postes observant le col d'Aïn-Sriga, qui fait communiquer la plaine qu'occupait le camp avec la plaine de la Medjana. Là était le bordj du bach-agha, et sans aucun doute le quartier général des rebelles.

Le colonel resta ainsi deux jours campé sous Bordj, puis rentra en ville, formant autour de ses troupes un camp retranché. Il venait de recevoir l'avis qu'un général allait être envoyé pour prendre la conduite des opérations; on parlait du général gouverneur de la province, et même du général Lallemand, commandant alors en Algérie les forces de terre et de mer.

La colonne qui était venue me débloquer

était partie de Sétif le 16 mars ; elle se composait de deux bataillons des 1er et 3e zouaves, deux bataillons des 2e et 3e tirailleurs, deux escadrons du 3e spahis, et quatre obusiers de montagne. Arrivé à Gueber-Athia, sur l'Oued-bou-Sellam, le colonel apprit par des espions que la garnison et les habitants de Bordj-bou-Arréridj avaient été massacrés jusqu'au dernier, et envoya l'ordre au major du 8e hussards de venir le rejoindre en toute hâte avec les forces disponibles de la garnison de Sétif.

Le major Chomereau de Saint-André amena au colonel Bonvalet : une compagnie du 3e zouaves, une du 3e tirailleurs, six compagnies du 43e mobiles, quatre obusiers de montagne, et un escadron du 8e hussards commandé par le capitaine de Fresnoy.

Ces troupes s'organisèrent à Aïn-Messaoud, un peu en arrière de Gueber-Athia, et reçurent un renfort d'un bataillon du 78ᵉ de marche, et le 20ᵉ bataillon de chasseurs à pied.

On ne doutait pas, dans la colonne, de la vérité du dire des espions, et on se demandait s'il était nécessaire, dès lors, de poursuivre une marche en avant avec le peu de troupes dont on disposait. Le colonel Bonvalet lut à plusieurs officiers le petit billet au crayon que je lui avais envoyé le soir du 16 mars, le considérant comme les dernières pensées d'un malheureux officier.

Il porta, sans hésitation, sa colonne en avant.

A Aïn-Tagroutt, il fut informé que le bach-agha voulait disputer le passage difficile de l'Oued-Chair avec dix mille hommes. Afin d'éviter les conséquences d'une lutte incertaine avec de jeunes troupes, contre un ennemi résolu et dans de fortes positions, il tourna l'Oued-Chair, alla camper à Tassera chez

Abd-es-Sellem, et arriva le lendemain à Bordj.

27 *mars*. — Le lendemain de l'arrivée, toute la cavalerie monta à cheval, et incendia les habitations et les petits villages des Achem, au sud du Morissan. Les Arabes qui se présentèrent furent repoussés par les tirailleurs, et le retour au camp s'opéra sans être inquiété.

Le major du 8ᵉ hussards, avec deux escadrons, reçut l'ordre d'escorter jusqu'à Sétif les habitants de Bordj. C'était un long convoi de sept à huit cents mulets, portant femmes, enfants, et tout ce que ces malheureuses gens avaient pu retirer de leurs maisons et porter dans le fort. La marche s'opéra avec la plus grande célérité, afin de se soustraire à la poursuite du goum du bach-agha, fort d'environ huit cents cavaliers qui s'arrêtèrent à quelque distance d'Aïn-Tagroutt, alors que le convoi venait de gagner Gueber-Athia. On campa misérablement, comme l'on put, par une nuit froide et pluvieuse, et le lendemain Sétif savait, par des témoins oculaires, les événements des jours précédents.

29 et 30 *mars*. — A Sétif, un convoi fut organisé et repartit pour Bordj. Le général Saussier arriva avec lui, amenant deux bataillons du 80ᵉ de marche et un détachement du 2ᵉ tirailleurs.

C'était ce général qui devait prendre le commandement de la colonne expéditionnaire de la Kabylie orientale.

Les premiers jours d'avril furent consacrés à faire des reconnaissances qui signalèrent la concentration des rebelles dans tout le périmètre de Bordj.

Le 7, la cavalerie se porta au sud contre les Ouled-Khelouf, avec deux obusiers. Les premiers groupes de cette tribu qui descendirent des montagnes des Mâdhi furent facilement dispersés par quelques obus ; mais au moment où la reconnaissance se terminait, cinq cents cavaliers du bach-agha couronnèrent les hauteurs qui longent la route de Bordj, contrariant pendant deux heures la marche de nos tirailleurs, et menaçant nos troupes dans leur retraite. Le général Saussier, pour repousser les groupes nombreux de cavaliers et de fantassins qui augmentaient d'instant en instant, dut accourir avec quatre bataillons sans sacs.

Le lendemain, avant le jour, le général fit lever le camp, pour se porter sur Bordj-Medjana que l'on disait fortifié. Les crêtes qui dominent le col furent enlevées après une lutte assez vive qui coûta aux ennemis une perte de cent quatre-vingts hommes ; deux escadrons de spahis chargèrent dans la plaine les goums du bach-agha, en leur tuant une vingtaine de chevaux, et le soir même le général s'installa dans le bordj que venait d'abandonner le chef des rebelles.

Le général commença aussitôt des reconnaissances offensives. Emmenant avec lui un bataillon de tirailleurs, un de zouaves, un du 80ᵉ de marche, l'escadron du 8ᵉ hussards et quatre obusiers, il se porta d'abord dans la direction de Bony. Le mouvement en avant ne fut pas contrarié; mais, profitant d'un terrain accidenté, les Arabes le suivirent dans la retraite au camp, et regardèrent comme un succès d'avoir empêché de poursuivre notre marche.

Pendant ce temps, je devais conserver dans le fort de Bordj de grands approvisionnements, assurer la transmission des dépêches entre Bordj-Medjana et Sétif, et expédier les convois qui m'étaient demandés, ce qui m'obligeait à une correspondance très-active. Les hommes du goum étaient chargés de porter les courriers à toute heure de jour et de nuit, et ce n'était pas sans peine que je réussissais à les faire partir; ils refusaient toujours, dans la crainte d'être tués ou pris ; la vue de mon revolver était le seul argument qui pût me faire obéir.

Malgré les neuf kilomètres seulement qui me séparaient du général Saussier, les convois ne m'étaient jamais envoyés sans escorte, et je devais, avant de les faire retourner, m'assurer de la sécurité du pays ; sécurité variable d'un instant à l'autre, car cet insaisissable ennemi se déplace avec une rapidité extrême.

Un jour, je fus obligé de sortir avec la compagnie du capitaine Layné et l'escadron de hussards du capitaine de Fresnoy qui était venu le matin escorter les mulets de convoi. Je voyais arriver du sud une forte colonne ennemie, et j'avais la plus grande crainte de lui voir enlever cinquante gardes mobiles. L'officier qui les commandait s'était porté trop loin au-devant d'un troupeau qu'il allait recevoir, et sans le rideau que j'établis entre la ville et le col, il eût pu se trouver coupé. Je sus le lendemain que je m'étais trouvé en présence de tous les contingents du Hodna, qui se rendaient, sous le commandement de Si-Saïd-ben-bou-Daoud, à l'appel du chef de l'insurrection.

Afin de faciliter le retour de l'escadron du 8ᵉ hussards qui ramenait à Bordj-Medjana un convoi de vivres, la cavalerie tentait une diversion vers la route d'Aumale, et rencontra les contingents ennemis. Trompés par de faux signaux, quinze tirailleurs du 3ᵉ chasseurs d'Afrique s'approchèrent d'un groupe de cavaliers qui les enveloppèrent et leur tuèrent trois hommes : il fallut une charge vigoureuse pour dégager les autres. L'ennemi y supporta des pertes considérables, et on trouva parmi les blessés le caïd Abd-er-Raman, frère de Bou-Daoud et cousin du bach-agha.

Toutes les nuits, les grand'gardes du camp échangeaient des coups de feu, et bien loin de diminuer, l'insurrection voyait augmenter le nombre des siens. La colonne était trop faible pour entrer en Kabylie en assurant sa base de ravitaillement ; ceci n'échappait pas à la sagacité des chefs ennemis, et leur permettait pour longtemps de pouvoir nous tenir en échec.

Le général Saussier, faisant miner le bord du bach-agha, leva le camp pour se diriger sur le Morissan. La colonne avait fait quelques centaines de mètres, que l'explosion avait lieu et faisait sauter le bordj, en couvrant sous ses décombres les premiers Arabes qui avaient voulu nous y remplacer.

Les positions du Morissan furent enlevées de haute lutte. Le général y établit son camp, se plaçant ainsi en face de la direction de Galah, cette petite ville que les Arabes considèrent comme imprenable, et qui renfermait alors la famille et les richesses du bach-agha [1].

---

[1] Galah, chez les Beni-Abbès, est depuis la fin du quinzième siècle le lieu de sépulture des Ouled-Mokran.

Du fort de Bordj, les feux de bivouac de la colonne s'apercevaient le soir ; on entendait distinctement le bruit des coups de feu.

Un convoi m'amena, un matin, des blessés et des prisonniers, et nous vîmes l'escorte violemment attaquée sur son arrière-garde, dès son départ du camp. Le chef de bataillon qui commandait cette escorte fut protégé dans son retour par les troupes envoyées du camp. Les insurgés perdirent une cinquantaine d'hommes, une douzaine de chevaux, et les Arabes pris les armes à la main furent fusillés sur place. Il était temps d'en arriver à ces moyens de rigueur.

Les prisonniers qui étaient confiés à ma garde étaient entassés dans un local étroit, mal fermé, mais étaient sous la surveillance de gardes mobiles qui avaient reçu de moi l'ordre de fusiller immédiatement ceux qui feraient la moindre tentative d'évasion.

Si les opérations de la colonne, depuis son

arrivée, assuraient le général de ne pouvoir être entamé par les rebelles qu'il attaquait journellement, elles faisaient voir à nos ennemis que nous n'étions pas en nombre suffisant pour poursuivre nos succès, et que c'était assez pour nous de protéger nos convois et d'assurer nos ravitaillements dans un pays sans ressources.

Le général Saussier leva le camp, et feignant une marche dans la direction de Zémoura, il fit un brusque retour et rentra à Bordj.

Un événement nouveau venait changer le plan de ses opérations.

Pendant la nuit, Abd-es-Sellem, qui avait demandé à soigner son cousin Abd-er-Raman, grièvement blessé, et à qui on avait eu l'imprudence d'accorder cette faveur, fit défection en emmenant notre prisonnier.

L'insurrection gagnait par là un renfort sérieux; mais ce qui était plus grave, c'est que Aïn-Tagroutt avait été abandonné par les troupes qui en gardaient le caravansérail, et que la route de Sétif à Bordj n'était plus ainsi en notre possession.

La défection de Mohammed-ben-Abd-es-Sellem faisait craindre de voir toutes les tribus entourant Sétif se ranger du côté de l'insurrection.

Le colonel Bonvalet exposa la situation au général Saussier, et il fut décidé que la colonne quitterait les environs de Bordj pour protéger les villages de la colonisation et le siége de la subdivision; seulement, afin de dissimuler ce mouvement de retraite, le général ne suivit pas la route directe, mais alla coucher à deux lieues au sud-est de Tassera, dans la plaine de Ras-el-Oued.

Je devais m'attendre à un mouvement du bach-agha sur Bordj, tout au moins à une reconnaissance de la position, dès que la colonne m'aurait abandonné.

6

Mais j'étais considérablement renforcé ; au lieu de deux compagnies de gardes mobiles, j'en avais trois et demie, et près de cent cinquante hommes, souffrants ou légèrement blessés, pris dans tous les corps. Ces hommes étaient incapables de supporter, momentanément, les fatigues de la colonne, mais pour quelques heures, sans avoir besoin de marcher longtemps, ils pouvaient rendre à la défense, si nous étions attaqués, les plus utiles services.

Le général, en me quittant, me dit qu'il resterait constamment à deux marches de moi au plus, et qu'il serait toujours informé de ma situation assez à temps pour me porter secours, dans le cas où toutes les forces de l'ennemi feraient une tentative de mon côté.

VI

Comme je le supposais, vers huit heures, les goums ennemis débouchèrent par le col d'Aïn-Sriga, marchant sur la ville. J'estimai leur nombre à cinq à six cents, tant fantassins que cavaliers, et d'après la disposition qu'ils prirent je me crus revenu au 16 mars.

Je n'étais pas dans l'intention de les attendre: je déployai immédiatement en tirailleurs mes hommes armés de chassepots, et plaçai en échelons, comme réserve, deux compagnies de mobiles. Dès les premiers coups de feu, la colonne ennemie me parut modifier sa marche et chercher à m'éviter. Afin d'activer son mouvement, je fis tirer, quoique à trop longue portée, quelques obus sur sa tête de colonne, et cette exhibition de toutes mes forces me débarrassa, pour le reste du jour, de tout ce qui était venu se présenter devant nous.

J'avais déjà fait démolir jusqu'à hauteur de rez-de-chaussée les maisons dont j'avais eu tant à souffrir pendant le siége ; cela ne suffisait pas. Tout le monde fut employé, sous la direction d'un garde du génie, à faire tomber les murs chancelants, à recueillir pour les besoins de la garnison les bois de charpente à demi brûlés, et à abattre les constructions placées entre les deux forts, afin que l'ennemi ne pût jamais s'établir entre eux. Le bureau arabe (fortin) reçut pour garnison la compagnie du capitaine Lisbonis.

Pendant les premières nuits, des feux furent entretenus sur les quatre faces de la ville, pour prouver au loin que Bordj vivait plus que jamais, et pour faire supposer de plus grandes forces encore que celles que j'avais sous mon commandement. D'après le nombre de mes officiers, j'organisai un service de surveillance régulier.

On m'avait laissé pour le service de mes pièces un maréchal des logis d'artillerie. En peu de jours, cet excellent sous-officier construisit, avec des madriers, une plate-forme dans le bastion n° 6 ; un obusier y fut aussitôt placé et pouvait balayer la plaine. Une forge fut installée aussi par ses soins, et du mieux qu'il fut possible, on forgea des boulets pour mes deux vieux canons. Essai fait, nous n'obtînmes pas une grande justesse de tir ; cependant, à six cents mètres, nous pouvions encore nous faire respecter.

Le 22, je reçus, par un spahis, des nouvelles de la colonne ; elle avait été harcelée, le jour de son départ, par les contingents arabes qui étaient venus me reconnaître, et j'appris que la cavalerie du général Saussier avait eu contre eux, dans la plaine de Ras-el-Oued, une brillante affaire.

Le général se dirigeait vers le nord de Sétif, dans la direction de Takitount. Ceci me faisait penser que je ne verrais pas cette colonne de quelques jours. Je devais cependant en avoir besoin avant longtemps, car on m'avait laissé peu de provisions de toute nature, et il ne me restait plus pour mes sept cents hommes que quatre ou cinq petits bœufs et une trentaine de moutons ; c'était peu !

Depuis que la plaine était silencieuse et déserte, les indigènes qui étaient avec nous dans le fort, six hommes du goum, deïras [1] du bureau arabe, femmes de spahis, tirailleurs, semblaient inquiets, parlaient entre eux à voix basse, se demandaient déjà où en était l'insurrection, et paraissaient étonnés que je ne fusse pas en rapports constants avec le commandement.

[1] *Deïras,* cavaliers non militaires, au service du bureau arabe.

Je fis monter à cheval quatre hommes du goum, et leur ordonnai de me rapporter rapidement des nouvelles de la colonne. Ils partirent, mais sans me laisser la moindre confiance dans l'exécution des ordres que je leur donnai.

En temps d'insurrection, tout burnous recouvre un insurgé ; de cœur, tous ces gens-là sont contre nous, et le seront longtemps encore. En les renvoyant, je mettais l'ennemi hors de la place ; c'était un résultat.

Rien ne passait aux environs sans que j'en fusse informé, et je reconnus, un matin, à l'ouest, des cavaliers escortant un convoi de mulets ; ils allaient vers le nord. Quelques bons tireurs s'avancèrent dans cette direction et jetèrent bas un homme. Le soir, ce même convoi, qui était allé probablement en ravitaillement à la Medjana, vint camper au nord, au pied du Morissan.

Les provisions s'épuisaient rapidement ; nous

n'avions plus de viande fraîche, et la privation de tabac était cruelle.

Un Maltais s'offrit, me promettant de me rapporter avant deux jours un mot d'un officier français, et prit, à la nuit, la direction de Sétif. Deux jours se passèrent; je désespérai encore de rien recevoir par ce nouvel émissaire. Je n'avais plus que pour deux jours de lard : j'attendais d'en avoir fini, avant de me déterminer à faire tuer les cinq ou six chevaux qui pouvaient m'être si utiles à un moment donné.

J'avais envoyé prendre à quelques kilomètres, dans les jardins abandonnés, tout ce qui s'y trouvait, afin d'améliorer la soupe : mais ils n'offrirent que la ressource de quelques fèves, de quelques feuilles de salade.

Enfin, le 2 mai, un Arabe m'apporta de Sétif un billet du colonel Bonvalet, et je lus : « *Die Jovis exercitus ducis erit apud te* [1]. »

[1] Jeudi l'armée du général sera auprès de vous.

Jamais la langue de Virgile ne m'avait paru si belle ! Dans deux jours donc nous recevrions des nouvelles de France et de nos familles ! nous mangerions de la viande fraîche et nous fumerions !

Pendant la plus grande partie de la route, le porteur de mon billet n'avait rencontré personne : mais à neuf kilomètres de Bordj, à la fontaine d'Aïn-Trapp, deux hommes gardaient le chemin. Au lieu de les fuir, il s'approcha d'eux, et à leurs premières questions il répondit que sa femme avait fui les Français avec ses enfants, et qu'il allait tâcher de les retrouver du côté de la Medjana. Il n'avait pas même été fouillé ! D'ailleurs ses précautions avaient été prises, et le billet avait été caché aussi bien que le peut faire un Arabe.

A dix heures du soir, arriva le Maltais, porteur de huit ou dix kilogrammes de tabac ; j'en pris aussitôt pour ma part, mais pour tout le monde je remis la distribution au lendemain. Au point du jour, j'étais là pour le protéger, et il eût été, sans moi, littéralement pillé : on se battait pour arriver à temps. La joie était sur tous les visages, on fumait avec une volupté extrême la pipe ou la cigarette.

Je profitai de ces bonnes dispositions; j'organisai le travail, et afin que chacun s'y mît gaiement, je fis à mes travailleurs une largesse de quelques bidons de vin. « Capoun dé sort, disaient à cette vue nos Provençaux, lou sang dé l'homme ! »

A la place de l'église, qui fut rasée, je fis élever un piédestal de deux mètres, et placer au-dessus la croix qui dominait le clocher. Cela avait tout à fait bon air à l'extrémité de la place ! Le curé de Bordj ne pouvait manquer d'être sensible à mon idée chrétienne.

Je jouissais par avance de la surprise de ceux qui avaient connu Bordj, et qui reverraient le lendemain une ville nouvelle ; enfin, j'avais la coquetterie de vouloir présenter au général une ville bien nivelée, soignée comme l'intérieur d'un quartier le jour d'une inspection générale.

3 *mai*. A six heures du soir, les nommés Si-Seddek, scheik de Mezeraregue, tribu des Beni-Yadel ; Laktremeche, deïra du bureau arabe de Bordj ; Mohammed-ben-Amadi, sergent au 2e tirailleurs ; Selah-ben-Nouri, soldat au 3e tirailleurs, étaient assis ensemble adossés au mur du fort, quand un Arabe qu'ils voyaient arriver du côté de la fontaine romaine vint s'asseoir auprès d'eux.

Ces gens ne le connaissant pas et ne l'ayant jamais vu à Bordj depuis les derniers événements, lui demandèrent d'où il venait.

« De Sétif, dit-il, pour travailler à Bordj.

— Comment peux-tu venir de Sétif, seul, dans un moment où le pays n'est pas sûr, et chercher à travailler dans une ville brûlée et détruite que les habitants ont abandonnée ?

— Je viens de Sétif.

— Apportes-tu quelques papiers au commandant ?

— Non, je n'ai pas de papiers. »

On me conduisit cet homme, et après l'avoir fait fouiller, je lui fis poser les questions suivantes :

« Quel est ton nom ? »

Pas de réponse.

« De quelle tribu es-tu ?

— Ma tribu est dans l'est.

— Il vaut mieux dire la vérité, parce que le commandant, qui peut te faire fusiller comme espion, te garderait ici ; je t'engage à parler. Dis qui t'a chargé de venir ici, et d'où tu viens.

— Je viens de Sétif, pour travailler à Bordj.

— Tu as un burnous [1] des Zouaoua : comment en portes-tu un semblable, car tu es Arabe, et non Kabyle ? »

Pas de réponse.

« Devant le commandant, dis la vérité : un beau jeune homme comme toi, qui doit tenir à la vie, ne devrait pas être fusillé ; tu resterais avec les Français, qui te traiteraient bien, car ils sont bons ; mais, encore une fois, parle. »

Pas de réponse.

« Le commandant va te faire fusiller sur l'heure, si tu te renfermes dans ce même silence, et si tu ne veux pas dire toute la vérité.

— Eh bien ! allons, faites. »

En prononçant ces derniers mots, une énergie sauvage illumina ses traits. Je n'avais pas à en douter, c'était un espion, et on avait vu rôder un autre homme, de la même tribu sans doute, à quelque distance du fort.

[1] A la forme et au tissu, il était aisé à reconnaître.

La douceur n'a aucune action sur ces gens fanatisés; j'ordonnai de le fusiller immédiatement.

En allant au lieu que je désignai, Khair-ed-dine, vieux chaouch [1] du bureau arabe, qui m'avait servi d'interprète, l'interrogea encore en le pressant paternellement sur son cœur, sans pouvoir obtenir la moindre parole. Adossé au mur, sans bandeau devant les yeux, et en face du peloton d'exécution, je lui fis dire qu'il était temps encore de sauver sa tête, que ces fusils braqués sur lui allaient se relever, s'il voulait parler..... Pas de réponse. Khair-ed-dine, alors, étendant les bras : « Tu n'as plus qu'à prier maintenant, » lui dit-il. Quelques secondes s'écoulèrent, justice était faite. Et mes yeux abandonnant le cadavre, rencon-

---

[1] *Chaouch*, espèce de factotum ; suivant les époques et les autorités, le chaouch a été garçon de bureau, agent de police, bourreau même.

trèrent un jeune mobile qui riait inconsidéré-
ment dans la joie du triomphe. Je lui dis simplement : « Pourquoi riez-vous, mon garçon ?
Je considère comme sérieuse la responsabilité
que je viens de prendre ; j'estime qu'il faut
un certain courage pour retirer à un homme la
vie que je suis impuissant à lui rendre ; je ne
ris pas, voyez-le bien ; mais il fallait cet
exemple ! » Puis, adoucissant encore la voix :
« Eh bien, ajoutai-je, si demain, dans un
moment critique, l'un de vous me mettait
dans la nécessité de réprimer énergiquement
un acte d'indiscipline, un refus d'obéissance
envers son capitaine, je déclare que j'aurais
encore le même courage..... et je le ferais
fusiller ici même ! » Au silence qui accueillit
mes paroles, il était aisé de voir, — tant la
mort porte toujours avec elle ses salutaires
enseignements, — que j'avais été compris par
ces braves jeunes gens.

« As-tu entendu le commandant? » disait en s'en allant quelque enfant de Salon, d'Aix, ou des environs de Marseille ; « aco qu'es parlat [1] ! »

Je fis placer le corps sur la route, espérant que quelqu'un des siens viendrait l'enlever la nuit, et pût dire le sort que je réservais à ceux qui tenteraient pareille aventure.

Tous les soirs, des feux de signaux s'allumaient au loin.

Cette nuit-là, à peu de distance, le feu fut mis à une maison jusque-là épargnée. Cet incendie, au moment où un homme m'avait été envoyé pour remplir une mission dont il avait emporté le secret dans un monde meilleur, me fit craindre quelque entreprise.

Je sortis avec trente hommes, je les fis marcher dans le plus grand silence ; mais, arrivé au

---

[1] J'aurais négligé ces détails si je n'avais eu d'aussi nombreux témoins de cette scène ; d'ailleurs, j'ai fait mes réserves en commençant ce livre : j'ai promis d'être narrateur fidèle.

feu, je ne découvris que les traces récentes de ceux qui l'avaient allumé. Nous continuâmes notre patrouille à cinq cents mètres tout autour du fort, je ne reconnus rien de suspect.

5 mai. — Le 5 mai, deux spahis du général Saussier m'annoncèrent que la colonne venait, le soir même, coucher à huit kilomètres de Bordj.

Le lendemain matin, nous la vîmes effectivement vers le sud; la plus grande partie allant bivouaquer à El-Anasser, le commandant Berlau vint, avec ses mobiles, m'amener le convoi, et encombrer mes rues si propres de voitures et de mulets arabes avec leurs conducteurs.

Je fis, ce jour-là, mes adieux aux deux compagnies de mobiles que je commandais depuis le mois de février; elles quittèrent Bordj pour suivre les opérations de la colonne Saussier, mais emportant le souvenir impérissable d'un fait de guerre qui leur avait fait le plus grand honneur. Deux compagnies du même bataillon me furent laissées pour les remplacer.

Un boucher de Sétif m'amena à minuit un petit troupeau, « Pour vingt jours de viande », me dit-il, sans que je pusse, à cette heure avancée, en vérifier l'exactitude. Au réveil, je constatai, d'après mon effectif, que je n'avais de viande que pour treize jours au plus. Je ne donnai donc, afin d'aller au moins à vingt jours, que demi-ration de viande fraîche, complétant le reste par du lard. J'eus à me louer, plus tard, de cette précaution.

VII

Les chaleurs arrivaient; un cortége de maladies n'arriverait-il pas avec elles ? C'était à craindre.

Depuis le commencement de mon séjour à Bordj, la petite vérole n'avait pas quitté mes mobiles. Le docteur n'avait jamais pu triompher de leur répugnance à se faire vacciner ; c'était un préjugé du pays, il nous fallait vivre avec lui.

La propreté, un exercice bien réglé pour vaincre l'ennui, furent l'objet de ma constante surveillance.

Dès le point du jour, les corvées se faisaient, on allait manœuvrer, et je ne tolérais pas que les paresseux restassent dans leurs chambres :

il fallait se promener, respirer l'air pur du matin.

Je fis faire de la chaux, et blanchir à fond toutes les chambres, tous les murs.

Chaque jour je visitais plusieurs fois l'ambulance, où le docteur me faisait une petite clinique. Vivant avec lui, ne le quittant presque pas, il me prévenait du moindre accident, de la plus simple opération. Parmi nos sujets les plus remarquables se trouvaient deux Arabes : le premier avait reçu une balle dans la cuisse et voulait à toute force qu'on la lui retirât ; on la sentait avec la sonde profondément incrustée dans l'os du fémur. Ces Arabes ne sont courageux devant le bistouri qu'autant qu'ils espèrent, après l'opération, voir le projectile qui les a frappés, car ils se croient guéris sitôt l'extraction faite. Pour les satisfaire, quand ce n'est pas praticable, il suffit d'avoir une balle dans la main, de la faire voir au blessé à l'ex-

trémité d'une pince, et voilà un homme heureux ! Il meurt le jour suivant, peut-être, mais
Dieu l'a voulu ! Telle fut l'histoire de celui-ci.
Quant à l'autre, c'était un marabout du pays :
il avait bien l'intention de prêcher contre nous
la guerre sainte; malheureusement, dès le premier jour du siége, une balle s'était trompée
d'adresse et lui avait traversé les deux jambes
au-dessus du pied. La blessure avait occa-
sionné un désordre très-grand, les os brisés
auraient nécessité l'amputation ; mais l'Arabe
aime mieux mourir avec ses deux jambes que
de vivre avec une seule. Depuis deux mois,
il déroutait, en refusant de mourir, les pré-
visions de la science. Pour calmer ses souffrances, les femmes de spahis lui apportaient
pieusement, chaque jour, un énorme plat de
kouskouss ; ajoutant à ce régime le vin de
l'ambulance, dont Mahomet lui permettait
l'usage par faveur spéciale, mon homme

attendait, plein de confiance, une guérison parfaite.

Un mobile aussi, blessé pendant le siége, nous inspirait des craintes sérieuses.

En somme, malgré le régime mauvais qui nous avait été déjà trop souvent imposé, nos pertes n'étaient pas nombreuses.

Les nouvelles compagnies que j'avais sous mon commandement m'étaient tout à fait inconnues, car dès leur arrivée en Afrique elles avaient été envoyées à Bougie. Je remarquai une grande régularité dans la tenue et dans la manière de servir; j'en fis mon compliment au capitaine Estignard, qui avait, pendant plusieurs mois, commandé ce détachement. Le capitaine Estignard était un ancien officier de l'armée, démissionnaire; le commandant de l'autre compagnie, M. de Forestat, avait fait aux zouaves pontificaux l'apprentissage du métier. Les deux sergents-majors étaient aussi le résultat de bons choix : le premier, rompu à l'étude, — il était notaire, — sut se tirer avec aisance de perceptions difficiles, car il avait tous les subsistants d'autres corps, et rendit de grands services à la comptabilité; le second, intelligent et actif, ne contribua pas peu, par un commandement régulier et sévère à la fois, au bon ordre général.

MM. les sous-lieutenants Caire, Bernard et Réguis, complétaient, avec le capitaine Lisbonis, la société qui m'était donnée pour quelques mois.

Nous résolûmes de nous réunir le plus souvent possible. Avec des caisses vides, des chevrons et des planches pour nous garantir du siroco, nous fîmes construire une petite tonnelle près de la chambre du docteur, une table et deux bancs y furent placés : le CERCLE était fondé ! Là, avant le déjeuner, avant le dîner, nous avions à choisir entre l'absinthe, le vermout, l'amer Picon, et une autre affreuse liqueur dont je suis bien heureux d'avoir oublié le nom.

C'était le moment de la bonne causerie, des discussions sur des points du règlement. Oh ! le règlement ! malheur à qui aurait osé porter sur son texte une main téméraire et profane ! Deux de nos sous-lieutenants, avocats du barreau d'Aix, n'avaient rien de plus à cœur que de poser des conclusions pour le défendre, et même, devenant dès lors magistrats du ministère public, de prendre énergiquement la parole pour en faire respecter les termes. Le règlement ! c'est la femme de César qui ne doit pas être soupçonnée : c'est bien votre avis, n'est-il pas vrai, Messieurs Bernard et Réguis ?

M. Caire, en ancien sergent-major de la garde, avait des idées arrêtées sur le service, tandis que le capitaine Lisbonis, se souvenant qu'il avait été spahis, ne voulait accorder ses préférences à l'infanterie qu'autant qu'on la mettrait à cheval. La guerre et nos malheurs, la patrie et son avenir, venaient bien souvent aussi jeter du noir dans nos pensées ! Nous étions au 20 mai; depuis douze jours nous ne savions rien de France, et nos derniers journaux nous avaient appris que Paris était au pouvoir du gouvernement insurrectionnel de la Commune !

Les Arabes qui nous entouraient semblaient fort intrigués de voir, tous les matins, nos mobiles aller à l'exercice. Les cartouches ne quittaient pas les gibernes ; bien souvent l'école des tirailleurs prit les proportions d'une véritable petite guerre.

Sghier-ben-Adda, ce brigadier de spahis qui avait, dès le premier jour, passé à l'ennemi, semblait être l'âme de la surveillance qui était exercée sur notre poste.

Un jour, un groupe nombreux qu'il précédait s'avança en ordre. Les hommes armés de chassepots et la compagnie et demie de mobiles que je fis sortir, s'avancèrent à trois kilomètres et tiraillèrent pendant une heure. Quand je fis sonner la retraite, les cavaliers ennemis qui s'étaient retirés se présentèrent de nouveau, Sghier-ben-Adda paradant en avant d'eux et nous narguant avec son burnous rouge. Je plaçai quelques bons tireurs en embuscade, mais ils se découvrirent et se portèrent trop en avant. Deux d'entre eux, un tirailleur et le cavalier de remonte ordonnance du docteur, s'établirent dans une maison brûlée, à gauche et en avant de la fontaine romaine, et ouvrirent le feu à bonne portée. Je dus sortir avec deux compagnies, et il était temps d'arriver, car ils s'étaient mis dans une position critique. Leurs cartouches épuisées et voulant se replier, ils furent poursuivis et atteints par un chef arabe que je crois être

Alin-bou-Rennan, et un de ses serviteurs. L'Arabe voulait saisir par le cou ce pauvre diable de Bürger, qui courait à toutes jambes; c'en était fait d'eux s'ils ne s'étaient pas jetés dans le fossé profond qui descend de la fontaine. A notre approche, Alin-bou-Rennan abandonna son inutile poursuite, et se perdit dans les arbres.

Un peu plus loin, Sghier-ben-Adda attaqua résolûment un jeune zouave. Vieux zouaves, où étiez-vous ? Comment ce cavalier a-t-il pu échapper à nos balles ?

L'ennemi, outre quelques hommes à pied, comptait cent à cent cinquante cavaliers, dont les chevaux paraissaient très-fatigués : ils eurent un certain nombre de blessés ; de notre côté, la compagnie du capitaine Lisbonis perdit un homme, tué à grande distance par une balle de chassepot.

Pour éviter tout retour offensif et empêcher

que l'eau me fût coupée à la fontaine romaine, je laissai pendant quelques heures en arrière la compagnie du capitaine Estignard.

Le soir, à notre petit cercle, nous causâmes de nos regrets de ne nous être pas débarrassés d'un de nos plus courageux ennemis, et c'eût été bien facile si nos hommes ne s'étaient pas désunis et avaient été bien commandés.

Il ne me restait plus qu'une vache à tuer ; le 22, je prononçai sa condamnation.

Il était convenu que ce jour-là MM. les officiers de mobiles nous feraient l'honneur de dîner avec nous. Le docteur dressa un menu fantastique : lézards verts sautés sans beurre ni graisse, filet de bœuf dans son jus, vieux pissenlits bouillis et hachés, œufs de moineau sur le plat. Une surprise nous le fit modifier, En allant à la boucherie, notre cuisinier trouva à la fois et la vache et son veau. Le plat de lézards fut remplacé par un appétissant rôti.

Pendant que nous savourions ce fin dîner, nous voulions ne pas penser à notre lendemain, au lard auquel nous serions condamnés sans partage.

La chaleur devenait de jour en jour plus forte ; le siroco nous apportait, avec sa poussière pénétrante, le souffle embrasé du Sud ; les orages étaient fréquents.

Par une nuit noire, un jeune Arabe vint nous demander protection. Ce pauvre diable avait voulu, quelques jours auparavant, aller à Sétif chercher du tabac ; il s'était fait prendre à Sidi-Embareck et emmener prisonnier à Zemoura. Comme il était connu pour avoir toujours travaillé chez les Français, sa mort avait été décidée, et en attendant l'arrivée du caïd, qui ne pouvait pas manquer d'approuver la sentence, on lui avait mis les fers aux pieds. Chaque matin, un homme de la tribu venait lui passer légèrement un couteau sous le cou, et l'entretenait ainsi dans la certitude d'une mort prochaine. Une femme en eut pitié, nous dit-il, elle l'aida à se débarrasser d'un pied, et pendant que l'orage dispersait les troupeaux, il avait fait quatre lieues en courant. Il mourait de faim ! Il ne fut pas facile de briser l'entrave qu'il traînait encore. Pour un million, me disait-il, il ne recommencerait pas un semblable voyage !

Il nous annonça que le bach-agha avait été tué dans l'Ouest, que c'était bien sûr, que son corps avait été transporté à Galah, et que depuis lors les femmes ne cessaient de pousser des cris de douleur et de se déchirer la figure avec les ongles.

Nous accueillîmes la nouvelle, quoiqu'elle méritât confirmation, avec une satisfaction marquée, car la mort du puissant Mokrani ne pouvait faire moins que de porter chez les Arabes le découragement le plus profond.

Les varioleux augmentaient en nombre ; nos malades, par suite d'une alimentation qui les dégoûtait, dépérissaient visiblement, et beaucoup d'affections prenaient un caractère typhique.

Enfin, mon marabout, après avoir mangé un plat succulent de vermicelle au suif, rendit sa belle âme à Dieu. Je ne tardai pas à en être prévenu par les femmes de spahis ; c'étaient des cris, des lamentations ! Je les engageai bien vite à donner à leur douleur de commande une expansion moins bruyante.

Un cas de typhus vint dans le même temps enlever un mobile. Cette mort foudroyante jeta la consternation dans ma garnison. « C'est la fièvre jaune », disait un turco qui l'avait connue au Mexique ! « C'est la peste, disaient les Marseillais, nous y passerons tous. »

J'avais été un des seuls à voir le cadavre, je l'avais fait cacher afin que sa vue repoussante n'impressionnât personne, et je m'efforçais de paraître aussi tranquille que d'habitude. Dans le fait, le docteur et moi étions fort inquiets. Avec cette nourriture écœurante, par ces chaleurs, dans ce fort où nous étions entassés depuis trois mois parmi des varioleux et des blessés, l'apparition du typhus n'avait rien qui dût nous surprendre. Ce serait un cas isolé, nous l'espérions, mais si la contagion s'en mêlait, combien de nous seraient enlevés avant l'arrivée d'une colonne !

Tous les matins, régulièrement, j'assistais à la visite médicale. Ces braves moblots y arrivaient en foule; mais, à part quelques cas, intéressants parce qu'ils étaient sérieux, c'était à mourir de rire. « Dotteur, disait le premier, hier soir en mangeant la galette [1], z'ai senti un grand mal là (il montrait le cou); ensuite toute la nuit z'ai eu sommeil, ze manquais la respi-

[1] Lisez biscuit.

ration que ça me répondait partout. » Le docteur lui tâtait gravement le pouls : « Je sais ce que c'est, disait-il, embarras gastrique, donnez un ipéca. — Carottier besef », ajoutait finement un ancien tirailleur qui attendait son tour. Un collègue du premier arrivait encore : « Ze ne sais pas ce que ça veut dire, quand ze ne fais rien, ze ne souffre pas ; mais quand ze prends la garde, en faction, il me prend des grandes douleurs dans les zambes, ze manque de me trouver mal. — Ce ne sera rien, mon garçon, je connais ça ; embarras gastrique, donnez un ipéca. — Aya toubibe, gib doua, fissa [1], ma sœur est bien malade », venait crier une petite fille arabe en apportant une tasse. Le docteur allait voir Deloula, mais il avait trop longtemps fait la médecine chez les Arabes pour se trouver étonné de cette consultation bizarre.

L'Arabe considère la maladie comme le con-

____
[1] Allons, médecin, donne un remède, vite.

traire de la santé, et le médecin comme un sorcier. Aussi, quand il vient, en temps ordinaire, voir le médecin de l'armée chargé du service des indigènes, il lui demande un remède pour sa femme, malade dans un douar éloigné. « Mais, quelle maladie ? » dira le médecin. « Elle est malade », répond le mari. Il faut lui donner un remède d'une innocuité parfaite, et Mahomet fait le reste. Souvent le malade se présente lui-même : les médicaments nécessaires lui sont distribués. Le docteur lui ordonne, par exemple, de prendre tous les matins quelques pilules et de revenir au bureau arabe dès qu'il n'en aura plus. L'Arabe revient deux jours après, et annonce que tous les membres de la famille en ont pris en même temps que lui.....

Les orges jaunissaient à vue d'œil, et au nombre de moissonneurs semblant sans cesse arriver du Sud, nous étions admis à penser qu'après avoir moissonné dans le Hodna, les Arabes venaient vivre sur les hauts plateaux. Quel avantage, par sa sobriété, a ce peuple guerrier sur nos troupes! Pendant que nos colonnes sont obligées de se faire suivre d'un convoi nombreux et gênant, les Arabes, eux, avec une simple galette mal cuite, franchissent des espaces considérables, buvant l'eau mauvaise ou bonne, et dormant sous la voûte du ciel, la tête recouverte de leur capuchon, la bride de leurs chevaux passée au pied.

A notre petit cercle, nous nous efforcions de conserver la gaieté, mais, là aussi, les provisions baissaient, et nous ne savions quoi désirer le plus, d'un bon bifteck ou d'une pipe de tabac.

Une petite alerte faillit coûter cher à ceux qui l'avaient causée! Deux officiers de mobiles étaient sortis à cheval à une certaine distance de la ville. Se lançant à toute vitesse vers deux de leurs hommes qui se promenaient peu éloignés du fort, leur caban blanc les fit prendre pour des Arabes. En moins de temps qu'il n'en faut pour l'écrire, plusieurs hommes avaient couru à leurs armes, et sans ma lorgnette qui me les fit reconnaître, nos deux imprudents cavaliers n'eussent pas tardé à être arrêtés dans leur course folle. Ils furent condamnés, et ils le méritaient bien, à une amende de deux bouteilles de vermout.

Je ne sais pas ce qu'on ne mangeait point dans ces jours de misère ! Les rats, les lézards verts et les serpents étaient un régal ; les toits étaient tournés et retournés pour en retirer des œufs ou des petits moineaux ; on tuait de ces espèces de vautours qui ne se nourrissent que d'ordures ou d'animaux morts, et on avait le courage d'en faire la soupe ! Un vieux zouave voulut me faire goûter de son bouillon ; mais dès qu'il eut soulevé le couvercle de sa marmite, je faillis être renversé par l'odeur de cette bête infecte. Un gigot de chien fut vendu 3 fr. 50 ! Devais-je avoir à craindre pour la vie de mon chien Bob, de mon pauvre petit compagnon d'infortune ?

Quant aux femmes arabes, Fathma, Deloula, la mère abbesse, qui n'avaient plus la ressource des débris de l'abattoir, elles vivaient d'herbes et de grains d'orge rôtis à la fumée. Ces dames trouvaient dans nos jeunes officiers des admirateurs de leurs charmes. Cependant, dans le combat que livrait à leur pudeur le sentiment tendre que leur inspiraient ces messieurs, je penche à croire que la pudeur conserva toujours l'avantage.

Pour tromper l'attente cruelle, elles interrogeaient le sort. Dans une poignée de grains d'orge elles mettaient un morceau de charbon, un caillou blanc, un grain de froment et un brin de paille : le charbon c'était l'Arabe, le rebelle ; le caillou blanc, c'était la colonne ; le grain de froment représentait le spahis ; la paille légère figurait la femme. Tout était jeté au hasard sur un haïk, et elles se précipitaient pour entendre la naïve explication de Fathma. « Vois, disait-elle, l'Arabe loin, bien loin, poursuivi par la colonne ; le spahis vient, se rapproche de Bordj, sa femme le verra bientôt. » On recommençait l'expérience, la disposition était toute différente, l'explication changeait avec elle, mais le résultat restait toujours le même : le spahis allait bientôt nous rapporter des nouvelles des Français.

De mon côté, je comparais ma situation à celle d'un commandant de bâtiment en pleine mer. L'œil à la lorgnette pendant tout le jour, au lieu de voiles j'apercevais des goums ennemis, des convois de chameaux ou de mulets ; debout, la nuit, sur la plate-forme du bastion n° 6, je signalais des feux lointains,

j'entendais au milieu du silence un cri d'appel,
le bruit d'un coup de feu ; je me demandais
enfin si le fort de Bordj-bou-Arréridj ne mé-
riterait pas un jour de recevoir pour inscrip-
tion sur sa porte la fière devise des armes de
Paris [1].

Mais !... voyez-vous cet Arabe qui marche
avec précaution sur le flanc de ce mamelon ?
Il semble avoir suivi la route de Sétif ! Oui,
nous ne nous trompons pas, il fait un signe de
son burnous ! Nous nous hâtons d'y répondre,
et dès qu'il se voit reconnu il vient me glisser
dans la main ce microscopique billet : « 25 mai.
Colonne aux Amouchas. L'armée entrée dans
Paris. On va enfin envoyer en Algérie les
troupes devenues disponibles, et les choses
iront vite. Vous devez savoir que le bach-agha
a été tué près d'Aumale. Donnez-moi de vos
nouvelles, quel est l'état sanitaire ? Avez-vous

[1] FLVCTVAT NEC MERGITVR.

de l'eau ? — Tout à vous, colonel Bonvalet. »

On a connu, à Bordj, le bel Arabe qui m'apporta ce billet, mais il ne faudrait pas lui demander ce qu'il faisait pendant le siége, il n'en finirait pas de raconter la misérable existence qu'il a traînée depuis deux mois ! J'aime mieux faire moi-même son histoire, et penser en riant qu'il nous a tiré des coups de fusil d'abord, avec une conviction touchante, puis que, le pillage terminé, les affaires ne marchant pas, il est allé offrir à Sétif son dévouement et ses services. Il avait reçu deux louis au moins pour la course qu'il venait de faire, deux louis pour risquer sa vie ! Avec quel air humble et rusé il m'embrassa la main !

D'après les nouvelles que je recevais, je ne pouvais pas m'attendre à voir de longtemps la colonne.

Les Amouchas sont à douze lieues au nord de Sétif, le général Saussier allait entrer en pleine Kabylie, et chacun sait que les tribus guerrières de ces contrées difficiles peuvent facilement prolonger la lutte, et qu'elles tiennent à honneur de soutenir la grande réputation de courage qu'elles ont dans toute la province.

Tout en répondant au colonel commandant la subdivision que la santé était satisfaisante, je ne manquai pas de lui montrer ma détresse sous le rapport des vivres. Je mis cette lettre en rouleau gros comme un crayon, je fis percer un trou dans la matraque de mon commissionnaire, et au moyen d'un bouchon du même bois, il n'y paraissait rien. Mon Arabe n'en pouvait croire ses yeux ! Il partit à la chute du jour, émerveillé de mon invention, et pouvant impunément braver toute recherche s'il était arrêté. Après un repos de quatre heures, qu'était-ce pour un pareil gaillard que dix-huit lieues à faire à pied !

Nous allons donc attendre encore ! Je sais aujourd'hui que si l'espérance soutient l'homme, c'est au moral qu'il faut l'entendre, car au physique elle le nourrit peu.

Je mourais de faim avec les deux alouettes qui étaient, par jour, ma seule nourriture : notre ingénieux cuisinier nous fit manger jusqu'à des feuilles d'artichaut. Je n'en étais pas à mes débuts ; j'avais, à d'autres époques, connu la misère, je me souvenais de la Crimée, mais jamais, à beaucoup près, je n'avais encore été aussi mal ; je n'avais pas oublié que l'hiver, à Eupatoria, nos bœufs mouraient de faim sur le bord de la mer, pour diminuer sans doute le travail du boucher ; mais on faisait avec cette mauvaise viande une soupe passable ! Là-bas on fumait au moins ! mais ici !... Un infirmier nous proposa de fumer de ces quatre fleurs qui servent à la tisane pectorale ; mais l'essai ne fut pas heureux, nous y renonçâmes.

Un soir, après un de nos maigres dîners, le docteur trouva dans le fond poussiéreux d'une vieille malle deux cigares d'Afrique. Dans notre joie, nous faillîmes nous précipiter dans les bras l'un de l'autre ! On coupa en morceaux la précieuse trouvaille, et nous nous enfermâmes pour fumer en tête-à-tête, à l'abri des regards avides de tous les malheureux affamés qui nous entouraient.

Deux jours après le départ de ma lettre, un nouveau cas de typhus se déclara, et, comme le premier, emporta le malade en quelques instants.

Je me décidai à écrire de nouveau à Sétif : moitié de gré, moitié de force, un de mes Arabes se mit en route à la nuit. Je disais au colonel « que je n'avais pas voulu l'alarmer en lui disant que l'état sanitaire était assez satisfaisant, mais après ce second cas de typhus aussi rapproché du premier, mon devoir était de lui faire part des craintes du docteur; je lui demandais aussi certains médicaments indispensables qui allaient nous faire défaut.

Nous étions au 1ᵉʳ juin, les flancs des montagnes se garnissaient de douars, ce qui n'était pas l'indice de la proximité des troupes françaises. Au point du jour, un cavalier venait se placer sur chaque mamelon, regardait un instant autour de lui, et à un signe de son burnous les moissonneurs et les troupeaux descendaient dans la plaine ; pendant le travail, un danger menaçait-il, à un signe analogue, vite aperçu, chacun regagnait sa tente.

On a souvent parlé de cette télégraphie des Arabes ! Il est certain qu'une nouvelle se propage chez eux avec une vitesse surprenante.

Dans cette atmosphère limpide, par cette habitude de regarder incessamment au loin dans des espaces dénudés, la vue acquiert une bien plus grande netteté et une bien plus grande étendue qu'en France. J'ai bien des fois constaté que la vue d'un de mes Arabes lui donnait la même certitude d'un objet que me donnait à moi une bonne lorgnette de campagne. Un turco m'examinait un jour et me paraissait fort désireux de se servir de cet instrument singulier pour lui ; je la mis à son point... Ah ! quelle joie ! « Fantasia besef, mon commandant, l'arbi, là, tout près, tout près ! » Il voulait saisir le cavalier, et il alla communiquer à ses camarades l'importance de cette découverte.

J'étais bien résolu à ne pas sortir au loin ; plusieurs fois, j'avais essayé de surprendre les moissonneurs qui se rapprochaient le plus ; je leur avais enlevé quelques cordes en poil de chameau, quelques-uns de ces filets avec lesquels ils chargent les gerbes sur leurs mulets ; on avait bien vu, parfois, du sang dans le champ que nous les forcions à abandonner, mais c'était un maigre résultat pour risquer de faire tuer quelques hommes ! Avec vingt-cinq cavaliers seulement, j'aurais pu faire des razzias importantes, et rendre le pays impossible à six kilomètres à la ronde ; mais pour qui sait avec quelle adresse les Arabes entraînent leurs troupeaux à leur suite, avec de l'infanterie seule je ne pouvais rien ; d'ailleurs, qui eût pu m'assurer que, pendant que j'aurais été entraîné avec mes compagnies à trois ou quatre kilomètres au nord, je ne serais pas attaqué sur mes derrières par des gens accourant du Sud au bruit des coups de fusil, coupé peut-être dans ma retraite, sans moyens de transport pour les blessés !

Évidemment, pour moi, tous ces gens-là avaient assez de la guerre ! Ils s'approchaient timidement, ils ne me coupaient plus l'eau à la fontaine romaine ; je devais penser que de la tranquillité dans laquelle ils me laissaient ils voulaient se faire un mérite et tirer bénéfice, quand de dures conditions leur seraient imposées, quand arriverait le règlement des comptes. Le jeune Arabe que j'avais recueilli, les fers aux pieds, m'avait parlé dans ce sens ; on l'avait interrogé après son arrestation, on lui avait demandé si le commandant supérieur de Bordj était toujours le même, et ils pensaient que je devais avoir la vengeance au cœur à cause de l'attaque et de l'incendie du mois de mars. Dans les tribus, ils comptaient leurs pertes d'alors, ils les exagéraient même, et ils assuraient que, dût la guerre durer vingt ans, ils ne se présenteraient pas de nouveau au feu de nos créneaux.

Dans l'espérance d'être exemptée de l'impôt, plus encore pour fuir la misère, une vieille femme vint me demander de la recevoir avec ses trois enfants. Elle était suivie, quelques heures après, de son fils de dix-huit ans et de son vieux mari. Je renvoyai cette intéressante famille vivre où elle vivait depuis trois mois, la chargeant de dire aux gens de sa tribu que je ne possédais aucun pouvoir pour recevoir leur soumission, et que je n'avais que des cartouches à leur service. Elle ne tarda pas à revenir, me demandant la mort, car des cavaliers les avaient menacés tous de les tuer. J'eus pitié d'eux, peu touché cependant de leurs protestations et de leurs larmes.

Les spahis qui avaient déserté au début de l'insurrection rôdaient depuis plusieurs jours autour des gourbis de leur ancienne smala.

Je fis parler à l'un d'eux par un petit garçon de ses parents, je lui promis de ne pas le faire fusiller s'il se rendait, mais de laisser au conseil de guerre le soin de juger sa position. Ce spahis n'était pas dans le même cas que les autres. Quand l'insurrection éclata, il était à Msila, porteur de dépêches pour Bou-Saâda. A son retour, il trouva Bordj brûlé, et voilà comment, disait-il, il n'était pas avec les Français : triste excuse, car depuis trois mois il lui avait été bien facile de rentrer dans nos rangs et de donner des preuves de son dévouement.

10 *juin.* — Le jour suivant, les tentes dressées au pied du Morissan furent levées et prirent la direction du sud, la porte de derrière toujours ouverte aux insurgés.

La colonne s'approchait-elle de Bordj ? Je l'espérais : nous étions au samedi, et c'était un dimanche que le hasard l'avait toujours fait arriver.

Tout le monde avait les yeux fixés, comme moi, vers Zemoura, car si le général Saussier se jetait à l'ouest des Amouchas pour venir opérer dans les environs de la Medjana, c'était par là que je pouvais espérer le voir. La nuit vint, en nous laissant l'espérance d'un plus heureux lendemain.

VIII

Je me levais ordinairement un peu avant le jour. Je sortais, pour faire à la lorgnette une reconnaissance de la plaine, et comme deux chiens bien dressés que leur maître n'a pas besoin de commander, mes deux deïras, Laktremeche et Ali, me suivaient à quelques pas.

En passant devant la maison de Paulet, il m'arrivait parfois d'offrir un verre de cognac à mon escorte. Laktremeche, soucieux des préceptes du Koran, buvait sans enthousiasme ; mais Ali !... « Oui, mon commandant, me disait-il, oui, moi boire un verre de cognac, kif-kif la France [1] ! » O puissance de la civilisation ! c'est là, à peu de chose près, tout ce qu'elle a obtenu depuis quarante ans en Algérie.

[1] De même qu'en France, comme un Français.

11 *juin*. — Nous nous mettions en observation. « Tu vois, mon commandant, me dit
l'un d'eux, les tentes ont quitté le Morissan,
il y en a beaucoup aux Ouled - Khelouf! La
colonne doit approcher!.... Le canon, mon
commandant, le canon du côté d'Aïn-Trap [1] ! »

Et en même temps un mouvement considérable de cavaliers arabes venant des Mgued-
dem se portait dans la direction de Sétif. La
colonne n'était pas loin, il ne se trompait pas,
car le canon se fit distinctement entendre.

Toutes les crêtes étaient couronnées de
burnous. Vers sept heures, les Arabes cédè-
rent ces positions à une ligne de tirailleurs
français; enfin un long convoi se déroula dans
la plaine, vivement harcelé sur ses flancs. Il
marchait lentement dans une terre détrempée
par les pluies d'orage des jours précédents, et

---

[1] Fontaine sur la route de Sétif, à neuf kilomètres de
Bordj.

du mamelon sur lequel est bâti le bordj du commandant supérieur, je suivais avec le plus vif intérêt les mouvements de nos chasseurs d'Afrique.

La colonne n'arriva que trois heures plus tard, car les chevaux avaient peine à arracher du chemin les voitures pesamment chargées. On n'avait fait ce jour-là que quatorze kilomètres.

Le colonel Bonvalet avait une petite colonne de dix-huit cents hommes seulement. A en juger par ce que je venais de voir, il me fut aisé de comprendre les difficultés de cette marche, avec des voitures de convoi trop chargées et le fort troupeau qu'il y avait à protéger.

Depuis plusieurs mois, non-seulement les routes n'avaient pas été entretenues, mais encore les Arabes avaient détruit en partie les ponts et les travaux d'art.

Le bivouac fut établi près de la fontaine romaine, avec défense aux hommes d'entrer dans les murs de Bordj, où il n'y avait que de mauvaises maladies à gagner. On formait un cordon sanitaire autour de nous. Il ne manquait en vérité plus que cela pour rendre notre blocus complet !

Le colonel, malgré son désir de repartir quelques heures après, dut remettre son départ au lendemain. Les voitures mirent longtemps à être déchargées, et les troupes avaient besoin de repos. Il avait en outre des instructions à me donner, et à me faire compter la viande sur pied qu'il allait nous laisser.

Dans la journée, je fus agréablement surpris par la visite d'un de mes jeunes parents, Albert de Bazignan, sous-lieutenant au 3ᵉ tirailleurs. J'allai le voir à mon tour, et dans sa tente je rencontrai plusieurs officiers de son bataillon. Avec quel plaisir on offre, en campagne, à plus misérable que soi, tout ce que l'on possède ! « Voyez, me dirent ces messieurs, voulez-vous ces poules? ce mouton? Que vous manque-t-il? » Je me contentai de trois poules, d'une bouteille de liqueur et de quelques biscuits dont la fraîcheur laissait à désirer.

Le colonel Bonvalet me donna pour instructions de ne pas entraver les Arabes dans leur moisson, et, puisqu'ils me laissaient tranquille, qu'ils ne me coupaient pas l'eau, de ne pas être agressif, dans la crainte de représailles. Il me dit que s'ils venaient m'offrir leurs produits à acheter, des œufs, du lait, de la volaille, de ne pas refuser d'entrer en commerce avec eux. « Si même vous rétablissiez le marché de Bordj, ajouta-t-il, je n'y verrais rien à dire. » Ne pas les attaquer au loin, rester sur la défensive, avec la composition de mes troupes c'était sage ; mais recevoir les Arabes chez moi, leur procurer le moyen de donner notre argent à ceux d'entre eux qui avaient encore les armes à la main, c'était aller un peu loin ! Je n'étais pas payé pour avoir grande confiance en eux, d'ailleurs !

Le colonel était dans l'intention de ramener les mobiles à Sétif; mais, par suite de la résistance qu'il avait éprouvée en venant, il dut modifier ses projets. Avec leur armement, ces compagnies n'auraient pu remplacer pour le retour, dans sa petite colonne, les hommes armés de chassepots qu'il m'aurait laissés.

Malgré les journaux, qui leur firent connaître les ordres du gouvernement de les faire rentrer dans leurs foyers, les mobiles de Bordj acceptèrent courageusement, et avec une grande résignation, la nécessité de la situation.

Elle n'était pas brillante encore à cette époque! « Nous sommes trop faibles, me dit le colonel, nous marchons bien lentement vers la paix dont nous jouissions il y a un an! Ce sera long ! »

IX

Toute la province, en effet, était en feu à cette époque, moins le Sahel, de Philippeville à Bone et de Constantine à Souk-Aras.

Le peu de troupes dont on avait pu disposer en France avaient presque toutes débarqué à Alger, et les rebelles, chassés de cette province par les colonnes qui la parcouraient, venaient augmenter, dans la province de Constantine, les contingents insurrectionnels en guerre contre nous. Les chefs exploitaient avec habileté cette lenteur dans la répression, disaient partout que la France, à bout de ressources, était hors d'état d'envoyer de nouveaux soldats, et qu'après un effort sérieux encore de la part des Arabes, notre drapeau ferait place à l'étendard des croyants.

La province d'Oran ne donnait pas de craintes, c'est-à-dire que les colonnes mobiles suffisaient à y assurer une tranquillité relative.

Dans la province d'Alger, le lieutenant-colonel Trumelet, commandant la subdivision d'Aumale, était informé au commencement de mars que Bou-Mezrag-el-Mokrani, frère du bach-agha de la Medjana, venait recruter dans l'Ouennougha son personnel insurrectionnel, et le 16, le jour même de l'attaque de Bordj-bou-Arréridj, ce chef arabe attaqua le caravansérail de l'Oued-Okris.

Les Arabes répandirent bientôt le bruit que Bordj avait été incendié, et que la garnison de cette petite ville, en se retirant sur Aïn-Ta-groutt, avait été anéantie ; ils ajoutaient que les rebelles marchaient sur Aumale.

Le colonel Trumelet forma une colonne, se dirigea sur l'Oued-Okris, et mit en déroute

Bou-Mezrag, qui s'enfuit dans la direction du Djebel-Afroun. Le commandant Braun, du 1ᵉʳ chasseurs d'Afrique, avait été envoyé avec des mobilisés de la Côte-d'Or, les goums d'Aumale et quelques pelotons de son régiment, ravitailler les bordjs environnants, avait eu un engagement le 11 avril, et était rentré à Aumale, attendant des renforts.

Le général Cerez arriva bientôt avec une colonne forte de huit bataillons, sept escadrons, et deux sections de montagne.

Il sortit d'Aumale le 18 avril, se dirigeant vers l'Ouennougha, et rencontra le même jour, à Teniet-Ouled-Daoud, des contingents ennemis qui se replièrent après un combat assez long. Le 20, on arriva devant le village de Summah, des Ouled-Msellem ; ce village fut attaqué et détruit le lendemain. Le 22, les Ouled-Msellem et les Beni-Inthacen ayant fait leur soumission, on se dirigea sur Si-Ben-Daoud, où fut détruit .

un bordj de Bou-Mezrag. La colonne revint ensuite sur Aumale, le 25, en passant par le caravansérail de l'Oued-Okris.

Le 26, elle prit la route de Dra-el-Mizan, avec un convoi de quinze jours de vivres.

Le 28, elle attaqua et soumit les Ouled-el-Azis. Le 30, on campa à Bou-Aaroun, chez les Archaoua, d'où partirent le 1er mai des reconnaissances offensives dans la direction de Dra-el-Mizan, étroitement bloqué depuis quelques jours. Grâce à cette diversion, le commandant supérieur put faire sortir un courrier et informer qu'il pouvait tenir.

Le 3 mai, la colonne descendit chez les Beni-Djad, dans la vallée de l'Oued-Soufflat, où elle fut attaquée le 4 au soir par tous les contingents de Mokrani.

Mokrani fut tué le 5. Sa mort mit fin au combat.

En allant dans l'ouest, l'ex-bach-agha de la

Medjana devait avoir pour but d'activer par sa présence, par des subsides même, une insurrection qui avait éclaté prématurément. Peut-être voulait-il aussi en prendre la direction suprême, et il avait tout ce qu'il fallait pour jouer ce grand rôle, l'intelligence, l'énergie, et le prestige de la naissance. Dans un retour offensif des insurgés contre la colonne du général Cerez, pendant qu'il faisait sa prière au bord d'une source, — disait déjà la légende arabe, — il avait reçu la mort par une des dernières décharges françaises.

Le village de Palestro avait été attaqué quelques jours auparavant. Le colonel Fourchault avait pu arriver à temps pour sauver le village de l'Alma, mais, malgré une marche forcée à travers la montagne, il ne retrouva à Palestro que les débris fumants de quelques masures, et les cadavres mutilés des malheureux habitants.

Apprenant que Si-Saïd, amin el-oumena [1] des Beni-Khalfoun, avait recueilli quarante prisonniers, le général Cerez, profitant du succès qu'il venait de remporter, vint camper au confluent de l'Isser et de l'Oued-Soufflat, où, après quelques pourparlers, Si-Saïd vint lui remettre ses prisonniers.

La colonne vint ensuite se ravitailler à Aumale.

Elle en repartit le 25 pour aller débloquer et ravitailler le bordj des Beni-Mansour, refoulant les contingents des Mechdala, des Beni-Aïssa et des Cheurfa, dont le principal village fut enlevé et détruit.

Bou-Mezrag essuya un premier échec dans la vallée de l'Oued-Sahel. Le 29, pendant que la colonne en marche repoussait les attaques des montagnards sur son flanc droit, il l'attaqua de nouveau, et fut cette fois vivement pour-

[1] Maire des maires.

suivi après avoir perdu plus de cent cavaliers.

Passant par Bordj-Bouïra et Beni-Aaroun, et recueillant en chemin les soumissions de toutes les tribus de cette région, la colonne du général Cerez vint faire sa jonction, le 2 juin, à Aïn-Bourboura, dans la vallée de l'Isser, avec une colonne de ravitaillement commandée par le lieutenant-colonel Désandré, du 1er zouaves. .

Les deux colonnes réunies débloquèrent, le 5 juin, après une assez vive résistance, le bordj de Dra-el-Mizan.

Le 8 juin, le général Cerez se remit en marche pour pénétrer en Kabylie, laissant dans la vallée de l'Oued-Sahel le colonel Goursaud avec un bataillon, trois escadrons et une section d'artillerie.

Le 9, après un engagement chez les Maatka, les colonnes des généraux Lallemand et Cerez opérèrent leur jonction.

Le général Lallemand, parti d'Alger depuis

un mois, avait opéré dans la vallée du Sebaou,
et débloqué Tizi-Ouzou après plusieurs combats, dont le plus important à Tagmount-
Azzouz.

Dellys fut débloqué le 17 mai. Cette petite
ville avait été défendue contre Mahi-Eddin
par quelques centaines d'hommes, mobiles
de l'Hérault et miliciens, appuyés par l'aviso
le Daim et la canonnière *l'Armide.*

X

La Kabylie s'était levée à la voix de Cheikh-el-Haddad, et le vieux marabout, hors d'état par son âge (quatre-vingt-deux ans) de se mettre à la tête des insurgés, avait délégué son second fils Si-Azis-ben-Amzian-ben-Cheikh-el-Haddad.

Il n'est pas inutile, peut-être, d'esquisser en quelques traits la physionomie du mouvement insurrectionnel dans ces tribus.

Dans la Medjana, le général Augeraud, commandant au mois de décembre la subdivision de Sétif, avait pensé que l'attaque de Bordj-bou-Arréridj devait résulter du conflit des deux çofs [1] opposés du bach-agha et d'Abd-es-Sellem. En temps ordinaire il n'est

[1] *Çof*, parti.

pas dangereux de voir deux chefs indigènes rivaux l'un de l'autre; diviser pour régner est même la politique traditionnelle des bureaux arabes : mais il n'en était pas de même à l'époque où nous étions; il fallait éviter un conflit et gagner du temps à tout prix. Le général était donc allé en personne, seul, voir le bach-agha [1], et avait obtenu une réconcilia-

[1] Dans cette entrevue du bach-agha et du général Augeraud, le chef arabe, parlant du gouvernement civil, dit qu'il ne voulait pas le servir parce que ce gouvernement pouvait bien lui donner le pouvoir, les richesses, mais qu'il était incapable de lui donner la grandeur; et parlant de se retirer en Tunisie : « Laissez-moi, ajouta-t-il, vous raconter une anecdote qui a trait à ce pays : Il y avait jadis à Tunis un riche pacha qui ne pouvait trouver de bons conseils parmi les gens de son entourage. Un jour, il rencontra un homme pauvre et lui demanda son avis sur certaine question qui l'embarrassait. L'homme le lui donna. Le pacha fut content du conseil et le récompensa par une ration de pain et de viande. Le lendemain, nouvelle demande, nouveau conseil et nouvelle ration de pain et de viande. Cela dura ainsi quelque temps. Un jour, le pacha s'avisa de demander au pauvre homme ce qu'il pensait de lui. — Je pense, répondit celui-ci, que vous descendez d'une famille de boulangers ou de bouchers, car vous ne me

tion entre ce chef indigène et Mohammed-ben-Abd-es-Sellem : simple replâtrage à la solidité duquel il était bien loin de croire, mais manœuvre rationnelle à suivre en ce moment, et qui retarda jusqu'au mois de mars la levée de boucliers.

En Kabylie, on usa de la même politique. Notre bach-agha de Chellata, Ben-Ali-Chériff, avait depuis quelques années perdu de son prestige religieux, par suite d'habitudes trop françaises, et Cheikh-el-Haddad profitait de l'amoindrissement de ce prestige. Le colonel Bonvalet reçut l'ordre d'opérer un rapprochement entre eux, et ce fut Mokrani qui fut choisi pour y arriver. Cheikh-el-

donnez que des rations de pain et de viande, tandis que ce que je voudrais et ce que vous pouvez me donner, ce sont les honneurs, la grandeur, l'*eurma* en un mot. »

De même, les Ouled-Mokran ne voulaient pas du gouvernement civil parce que ce gouvernement ne leur donnerait pas l'*eurma*.

Haddad se décida à envoyer son fils Si-Azis à Akbou, bordj de Ben-Ali-Chériff, et la réconciliation eut lieu. Là on ne parla pas encore politique ; mais, pendant son séjour en Kabylie, le bach-agha de la Medjana, bien loin de travailler en vue des intérêts français, parla de ses projets de révolte.

En pays arabe, il s'était adressé aux chefs ; il savait que c'était en leur faisant craindre pour leurs commandements qu'il les éloigne-rait du gouvernement français : en Kabylie, il tint un autre langage. A ces tribus démocra-tiques qui ne veulent d'aucun chef quel qu'il soit, à ces hommes grossiers et rudes autant que religieux, profondément attachés au sol, il représenta le régime civil comme disposé à les attaquer dans leurs croyances religieuses, et à s'emparer de leurs terres pour indemniser les Français victimes de la guerre avec la Prusse.

En cela il frappait juste, car ces populations sont dominées et dirigées par les khouans [1].

Le complot fut arrêté à Seddouk : Si-Azis promit à Mokrani le concours des Kabyles à l'insurrection, et les deux grands chefs se partagèrent les rôles : au bach-agha de la Medjana la royauté dans la plaine, à Cheikh-Azis le royaume des montagnes.

A dater de ce moment, les mokaddems [2] se mirent à parcourir le pays, prêchant la guerre sainte, et enfin le vieux Cheikh-el-Haddad, sortant de la zaouïa [3] où il se tenait constam-

---

[1] La secte religieuse des khouans, qui a de nombreuses ramifications dans toute l'Algérie, affecte aussi des tendances politiques. Ennemis mortels des Français, les khouans inspirent aux populations la haine des chrétiens et les excitent perpétuellement à secouer le joug.

[2] Les mokaddems sont chez les khouans ce que sont les provinciaux dans l'ordre des Jésuites.

[3] Zaouïa, monastère ; la zaouïa est aussi une maison hospitalière, demeure ou ancienne demeure de marabout, et une maison d'école où se forment et où enseignent les tolbas (savants). Les dons religieux y affluent.

ment enfermé, dit que le Prophète lui était apparu en songe, et lui avait remis des cartouches et un drapeau. « Allez, s'écriait-il, allez planter ce bâton sur les remparts de Bougie, et le dernier Français sera bientôt jeté dans la mer. »

Le commandant Reilhac, commandant supérieur de Bougie, s'était porté sur l'Oued-Kseur pour observer le pays.

Le général Lapasset débarqua à Bougie vers le 15 avril et prit le commandement de la colonne, qui se composait de douze ou treize cents hommes et d'un escadron de spahis; rétrogradant bientôt, tout en couvrant Bougie, il vint camper au col de Tizi.

Le 21 il livrait un combat à l'Oued-Rhir, à Si-Azis, et le 23 il s'embarquait précipitamment pour Alger, rappelé par les ordres du général Lallemand, qui craignait de voir la Mitidja envahie par les contingents de Mokrani.

Le commandant Reilhac resta seul pour défendre Bougie, avec un bataillon de mobiles de
l'Hérault, un dépôt d'isolés de différents régiments et les condamnés de l'atelier n° 4, qui
furent armés. A ces derniers revient la part
principale dans la défense de Bougie.

Bougie, attaquée une première fois par la
ligne des forts du côté de la montagne, le
25 avril, eut à subir plusieurs assauts. Les dé-
tenus de l'atelier n° 4 défendirent énergiquement la ville, et eurent à repousser de si vi-
goureuses attaques de nuit, que les Kabyles
entrèrent un instant dans le fort Lemercier.

Le 8 et le 13 mai, nouvelles attaques,
dans lesquelles les marins de la *Jeanne d'Arc*
prirent une part active à la défense.

Le 17, les Kabyles tentèrent un nouvel
assaut, avec un déploiement de forces et un
acharnement qu'explique suffisamment le
retour de Cheikh-Azis au milieu d'eux.

Le 5 juin, assaut général.

Le 7, à midi, les assiégés firent une sortie sur Tizi, et mirent l'ennemi en déroute ; on rentra à Bougie avec un butin considérable.

Le 11, nouvelle sortie ; les Kabyles furent repoussés encore, et plusieurs furent noyés dans la Summam.

XI

La province de Constantine avait, la première, tenté des mouvements insurrectionnels.

Prenant pour prétexte le départ des spahis pour la France, les indigènes de Souk-Aras avaient pillé des propriétés particulières, assassiné des habitants; mais la révolte ne pouvant trouver de racines dans ce centre très-peuplé d'Européens, avait été promptement étouffée par une colonne partie de Bone.

Le bordj d'El-Milia, au nord-ouest de Constantine, avait été attaqué par les tribus qui l'environnent. Défendu énergiquement par le peu de troupes qui l'occupaient, sous le commandement du capitaine Sergent, il n'avait pas tardé à être débloqué par une colonne accourue de Constantine. C'est cette même colonne qui était venue débloquer Bordj le 26 mars, et qui forma le noyau de la colonne de la Kabylie orientale.

La subdivision de Batna avait été le théâtre d'événements militaires de la plus haute gravité.

Au commencement d'avril, le lieutenant-colonel Adeler, commandant cette subdivision, forma une colonne destinée à opérer dans le cercle de Biskra, où la tribu des Sahari s'était livrée au pillage et à l'incendie des établissement européens. Cette tribu se soumit et donna des otages à l'arrivée de la colonne ; mais pendant que le colonel Adeler prenait avec Ali-Bey, caïd de Tuggurt, et Mohammed-Ser'ir, caïd de Biskra, des dispositions pour conjurer l'insurrection, Batna vint réclamer sa présence.

Les Arabes, se rapprochant de plus en plus de la ville, avaient promené les flammes et la dévastation dans les fermes des environs, assassiné des colons, et occupaient dans une attitude menaçante les montagnes du Belesma et du Bou-Arif.

Les rebelles, attentifs alors aux nouvelles de Bordj-bou-Arréridj, suivaient avec anxiété la lutte du bach-agha.

La colonne Adeler n'était pas assez forte pour prendre sérieusement l'offensive ; elle se borna, pendant quelques jours, à faire le vide autour d'elle par de fortes reconnaissances et des opérations de peu d'étendue qui rejetèrent l'ennemi en arrière du Ravin-Bleu, dans la plaine de Zana.

La colonne Marié vint se réunir, à Batna, à la colonne Adeler, et le 17 mai chacune d'elles se mit en marche pour opérer sa jonction au pied du plateau de Mestaoua.

Le colonel Adeler rencontra l'ennemi le 19, le colonel Marié le 20, et l'attaque du plateau par les deux colonnes réunies fut résolue pour le 23.

Les rebelles s'étaient retranchés sur un plateau escarpé qui n'est dominé nulle part, véritable forteresse aux murailles de rocher. On commença à y faire brèche, mais malgré l'élan de nos troupes vigoureusement enlevées par le commandant Hervé du 3e zouaves, on ne put se rendre maître de la position, et les munitions étant épuisées, on dut renoncer à une nouvelle attaque. Nos pertes avaient été sérieuses : trois officiers tués, sept blessés ; dix-neuf hommes tués, une centaine de blessés.

Le colonel Marié alla à Sétif prendre place, avec les troupes qu'il commandait, dans la colonne Bonvalet, et le colonel Adeler, après avoir parcouru pendant huit jours la tribu des Aurès, dont la fidélité n'était pas assurée après l'échec de Mestaoua, rétrograda sur Batna à la fin de mai.

Si-Ali-Bey, notre caïd de Tuggurt, avait été battu près de Ouargla par le chérif Bou-Choucha ; et pendant qu'il prolongeait son séjour à Biskra où l'avait appelé le colonel Adeler, Bou-Choucha vint attaquer Tuggurt. Il n'y avait là qu'une petite garnison de soixante tirailleurs, gens de nouvelle levée, connaissant à peine le maniement de leurs armes. Le lieutenant Mousseli, attaqué le 14 mai, ne tarda pas à voir le découragement s'emparer de ses hommes, et il résolut de quitter le bordj pour se diriger sur Biskra. Il avait fait cinq kilomètres à peine dans les sables, qu'il fut rejoint et entouré par les contingents de Bou-Choucha, et massacré avec ses hommes. L'insurrection obtenait ainsi des chassepots qu'elle ambitionnait tant, et des munitions de guerre.

Biskra n'eut pas à souffrir de l'insurrection. Les Arabes, rassemblés en grand nombre dans la plaine d'El-Outaïa, pillèrent les récoltes et une ferme de ce riche pays, mais plutôt pour vivre que pour faire acte de révoltés.

Le général Saussier avait quitté Aïn-Messaoud le 29 avril, et, par une marche rapide, était tombé le lendemain sur les Kabyles du Guergour ; puis s'avançant par la route de Bougie (dite des caravansérails), il leur fit éprouver le 10 mai des pertes considérables au combat de Aïn-Rouah.

Le 14 mai, la colonne, étant campée sous les murs de Takitount, livra aux Amouchas le combat de l'Oued-Berg. Le lendemain 15, cette tribu éprouva de nouvelles pertes, dues surtout à la justesse du tir de l'artillerie.

Le 16 et le 17, la colonne rétrograda pour se ravitailler et garantir les abords de Sétif.

A la date du 22, la colonne se reporta en avant, et le bivouac fut installé à Aïn-Soultan, après un combat qui dura de midi à cinq heures du soir.

Les Amouchas, fatigués de tant d'échecs,

allaient faire leur soumission, le général Saussier en avait l'assurance, lorsqu'un ordre de la subdivision l'obligea à retourner sous les murs de Sétif.

On quitta Aïn-Soultan à deux heures du matin, et la colonne vint camper à El-Ouricia, retraite nécessitée par d'autres événements au sud de Sétif, mais qui fit perdre au général Saussier le bénéfice de ses succès du mois précédent.

Le cheik Si-Azis arrivant, en effet, chez les Amouchas, les releva de leur découragement et les excita de nouveau à la lutte.

Pendant que la colonne Saussier opérait au nord de Sétif avec toutes les troupes disponibles, le colonel Bonvalet n'avait pour défendre le territoire de sa subdivision que deux cents hussards à pied et une centaine de miliciens.

Il n'était pas possible de réprimer l'insurrection partout à la fois, aussi elle gagnait du terrain à mesure que notre impuissance devenait plus manifeste. Toutes les tribus étaient travaillées, et si quelques-unes étaient encore maintenues par leurs caïds hésitants, toutes avaient des bandes en campagne, prêtes à profiter des occasions favorables.

Les fermes isolées, assez nombreuses au sud de Sétif, furent pillées et brûlées, des colons ou des voituriers assassinés.

A la fin d'avril, la position n'était plus tenable dans les villages : les habitants demandaient des garnisons, et dans l'impossibilité où l'on était d'envoyer des postes de dix ou douze hommes, on se décida à faire rentrer à Sétif population, bestiaux et approvisionnements de grains. Ces villages, à mesure qu'ils étaient abandonnés, étaient occupés par les Arabes, qui y trouvaient un butin précieux à recueillir, car les moyens de transport faisaient défaut en partie.

XII

Sétif prit, à ce moment, la physionomie d'une ville assiégée, et put voir dans quelle position critique il s'était trouvé au début des hostilités.

Si le bach-agha de la Medjana s'était porté directement sur Sétif, le 16 mars, il entraînait à sa suite Abd-es-Sellem et les tribus intermédiaires — de force s'il était nécessaire, — et ne trouvait devant lui, en rase campagne, que la petite colonne du colonel Bonvalet, campée à Gueber-Athia. Je ne veux pas dire que, refoulant devant lui les troupes dont elle se composait, il se fût rendu maître du siége de la subdivision ; mais le blocus de cette place, difficile à défendre à cause du périmètre étendu de ses fortifications par des troupes trop peu nombreuses, aurait produit un effet moral immense chez les indigènes de toute la province.

Marcher sur Sétif était pour Mokrani le plan de campagne le meilleur à suivre, et nous avons vu qu'il était entré dans l'esprit de ce remarquable chef arabe.

La situation de la ville même de Constantine était excessivement tendue. On n'y pouvait compter sur aucune force militaire sérieuse, et pendant plusieurs jours on redouta de voir les musulmans se ruer en masse sur les israélites.

Ce sera donc l'éternel honneur de la petite ville de Bordj-bou-Arréridj d'avoir immobilisé pendant treize jours les contingents de Mokrani, impuissants contre la résistance du fort, et d'avoir permis ainsi au colonel Bonvalet d'augmenter ses forces, compagnie par compagnie, escadron par escadron, et de se porter en avant pour maintenir Abd-es-Sellem dans le devoir.

Cette marche hardie ne pouvait être tentée que par un homme connaissant à fond le pays. Le colonel Bonvalet en prit toute la responsabilité, car des officiers sous ses ordres, aussi bien que le général Augeraud commandant la province, avaient raison de n'être pas sans inquiétude sur les suites de cette opération. Le général Augeraud pouvait craindre en effet que le bach-agha, laissant à sa droite le colonel Bonvalet marcher sur Bordj par Tassera, ne vînt se présenter hardiment devant Sétif en passant par Zemmoura et le versant sud du Guergour.

Il y avait un mois que le siége de Bordj était levé, et à l'époque à laquelle nous étions arrivés, la garnison de Sétif passait toutes les nuits en dehors des remparts pour faire des patrouilles. Elle tua souvent des Arabes qui tentaient de s'introduire dans la ville en passant par-dessus les murs.

Les mobilisés des Alpes-Maritimes avaient demandé à rentrer en France, et furent remplacés par deux cents hommes d'infanterie.

La smala d'Aïn-Abessa, que ne protégeait plus le général Saussier, remonté vers le nord, reçut un détachement de vingt-cinq hommes à pied du 8e hussards, et eut plusieurs attaques à repousser.

Un certain nombre de ces cavaliers à pied furent envoyés au Mezloug (11 kilomètres au sud), afin de concourir avec des détachements d'infanterie à la garde de ce village.

Un peloton de vingt-cinq hommes, monté avec les chevaux destinés à des officiers d'infanterie, fit presque tous les jours le service d'escorte, soit pour conduire des vivres à la colonne Saussier, soit pour protéger les convois venant de Constantine.

XIII

Vers le 15 mai, la forte tribu des Rir'a, qui occupe la plaine immense au sud de Sétif, donna des signes d'agitation. Des rassemblements nombreux de cavalerie furent signalés sur l'Oued-Guellal, au Hammam, et par l'abstention de cette tribu à fréquenter le marché, Sétif fut menacé de manquer de combustible.

Une déplorable affaire fut le prétexte ou vint donner le signal de l'insurrection chez les Rir'a.

Le 22 mai, un peloton de chasseurs d'Afrique, faisant partie du détachement du Mezloug, fit une reconnaissance, sur la plainte des colons, pour chasser des Arabes qui moissonnaient. L'officier, croyant avoir affaire à des maraudeurs, les chargea; mais en arrivant près d'eux, il se vit entouré par une bande de deux à trois cents Arabes cachés dans l'orge. En un instant, cinq chasseurs furent tués et onze ou douze mis hors de combat. Le reste de cette petite troupe fit héroïquement son devoir, resta maître du terrain et ramena ses morts et ses blessés.

Le lendemain, Messaoud, occupé par cinquante tirailleurs indigènes, fut attaqué, et la garnison bloquée dans son réduit.

Bouira et Lanasseur furent incendiés de nouveau.

En apprenant ces faits, le colonel Bonvalet réunit immédiatement toutes les troupes de la garnison (hussards à pied, mobiles et tirailleurs), et se dirigea sur Messaoud. A l'approche de la petite colonne, les Arabes se portèrent sur des hauteurs peu éloignées, mais faute de cavalerie on ne put les poursuivre, et on se résigna à installer le camp. La seule cavalerie disponible, une trentaine de chevaux des goums, alla en reconnaissance avec le capitaine Villot, des affaires arabes. Comme les Arabes, descendant en plaine, parurent vouloir accepter le combat, le colonel Bonvalet fit prendre les armes à tout son monde, et engagea avec eux, jusqu'à l'arrivée de la nuit, un feu de tirailleurs.

Le 24, le colonel renvoya à Sétif la plus grande partie des hussards à pied pour y assurer le service, et constitua une colonne mobile composée de cent soixante-dix zouaves, trois cent cinquante tirailleurs, quarante hommes du 78ᵉ de marche, trois cents mobiles, cinquante hussards à pied, un escadron de chasseurs d'Afrique fort de soixante-quinze chevaux, dix hommes du train. Il alla camper à Kalfoun (6 kilomètres à l'ouest de Sétif); pendant la nuit, des détachements furent envoyés à Lanasseur et à Aïn-Arnatt, pour renforcer les petits postes de hussards ou de tirailleurs qui y étaient retranchés.

Le 26, averti d'un rassemblement au sud du Mezloug, le colonel vint en reconnaissance de ce côté. Les rebelles s'étaient retirés déjà à trois lieues, dans la direction du Djebel-Youssef et du Sadim. Un homme énergique, Polet, capitaine de volontaires, commandait au Mezloug cinquante francs-tireurs, presque tous indigènes. Il demanda à être renforcé ou relevé, car il était harassé de fatigue, et ne pouvait répondre d'un poste où pas une maison n'était susceptible de servir de réduit.

Pendant que le colonel s'entretenait avec le chef de la milice, de nombreux cavaliers se montrèrent au sud. A l'hésitation des groupes, à l'allée et venue des chefs, le colonel jugea qu'ils voulaient entrer en relation avec lui. Il ne se trompait pas. Deux spahis envoyés en avant furent conservés comme otages, et à leur place deux rebelles s'avancèrent au galop.

Ces Arabes se plaignirent « des mauvais

traitements qu'ils subissaient de la part des colons, de l'attaque des chasseurs d'Afrique sur des gens qui moissonnaient leurs champs, et dirent enfin qu'ils étaient dans l'impossibilité de rester en dehors du mouvement, puisque les Français ne pouvaient les protéger contre les incursions des bandes du Hodna et de la Medjana. Ils se défendirent des incendies, qui étaient le fait des Kabyles et des partisans des Ouled-Mokran, et au milieu de leurs protestations d'amitié pour les Français, ils exprimèrent leur refus d'obéir à des juifs. »

Il était bien certain que la protection que nous ne pouvions leur donner était une grande cause de leur agitation, et que si quelques-uns d'entre eux étaient heureux de l'insurrection qui leur procurait le pillage, la plupart voyaient avec peine la perte de leurs belles récoltes.

La colonne Bonvalet, qui était rentrée à Kalfoun le soir même de la reconnaissance, revint deux jours après au Mezloug. Les rebelles ne s'y étaient pas montrés, mais on apprit qu'ils étaient réunis en grand nombre à Guellal, et que le parti d'Ahmet-Bey, homme de grande famille, très-énergique et très-hostile à la France, prenait de jour en jour une plus grande importance.

Des émissaires du Hodna venaient en outre prêcher ouvertement la révolte.

Il eût fallu agir énergiquement contre Ahmet-Bey, mais on manquait de troupes, de cavalerie surtout pour aller vite et loin.

Le général Saussier venait d'arriver alors à El-Ouricia, à douze kilomètres seulement au nord de Sétif. Le colonel Bonvalet lui écrivit aussitôt pour lui faire part de la situation, et prit ses dispositions pour le soir même.

A minuit, la colonne était sous les armes, et à une heure le général Saussier arriva seul, précédant d'une demi-heure deux escadrons de chasseurs d'Afrique, l'escadron de spahis mobiles, et mille fantassins montés sur des mulets. On se mit en marche, mais on trouva à Guellal l'ennemi prévenu et retiré sur le Sadim.

Le passage de l'Oued-Guellal sur un pont étroit retarda la marche en avant.

Vers cinq heures, la cavalerie, entraînée par les spahis mobiles, qui semblaient se douter qu'il était temps de galoper, se lança dans une poursuite acharnée, sur un terrain éminemment propre à son action. Les Arabes n'avaient pas eu le temps de compléter le déménagement de leurs tentes, et la plaine était couverte d'hommes de pied, de femmes, d'enfants et de bétail.

C'est en vain que les hommes armés voulurent protéger la retraite de leurs familles, ils ne purent tenir contre la *furia* véritablement admirable de nos cavaliers. Les rebelles

n'eurent pas le temps d'enlever leurs morts,
et sur le terrain on retrouva le corps du frère
d'El-Aroussi. Ils voulaient nous attirer dans la
région montagneuse, mais notre infanterie était
encore à trop grande distance en arrière.

Après une course de deux heures, les goums,
jugeant le moment venu d'aller ramasser le
butin qu'ils avaient laissé derrière eux, firent
un brusque demi-tour ; les rebelles firent à
leur tour volte-face et poussèrent sur nous. Le
colonel Bonvalet, lançant un escadron de chasseurs d'Afrique en tirailleurs, opéra la retraite
en bon ordre.

On ramena deux spahis mortellement blessés,
et parmi eux le maréchal des logis Thibault.
Ce sous-officier poursuivait de très-près, avec
deux spahis, un Arabe armé d'un fusil à deux
coups ; il fut atteint d'une balle en pleine poi-
trine ; un deuxième spahi survint et reçut la
deuxième balle. L'Arabe alors, prenant par le

canon son fusil déchargé, allait terrasser son troisième adversaire, quand un coup de feu l'étendit roide.

Ahmet-Bey commandait en personne dans cette affaire. Un de nos caïds, Bou-Akkas, y fut mortellement blessé. « Tu as une tête de vieille femme, lui dit un chef arabe. — Ah ! tu vas voir qui je suis ! » repartit Bou-Akkas. Ils échangèrent un coup de fusil. Le caïd s'approchant aussitôt du colonel Bonvalet, lui dit :

« Je suis mort, mon colonel.

— Comment, mort !

— Oui, j'ai la balle dans le ventre ! »

Il mourait le lendemain, en recommandant à la France sa femme et ses enfants.

Au retour, on ramassa le butin que n'avaient pu emporter les gens de Daouadi-ben-Keskes, puis on rentra au Mezloug.

Dans cette journée, l'infanterie du général Saussier avait fait vingt-quatre kilomètres à pied, et vingt-quatre à dos de mulet ; la cavalerie avait fait soixante-douze kilomètres au moins.

Le lendemain, le général repartit pour El-Ouricia.

Dans les premiers jours de juin, le colonel Bonvalet, renforcé des 3e et 4e escadrons du 3e chasseurs d'Afrique, se porta alternativement, et au secours de Ben-Keskes, qui gardait le pays à l'est et au nord de Sétif, et au secours de Mohammed-Ser'ir, attaqué dans son bordj de Kaser-tair.

Bordj-bou-Arréridj devait être ravitaillé. La colonne du lieutenant-colonel Marié, arrivant alors de Batna, alla camper à vingt-cinq kilomètres de Sétif avec les voitures du convoi, et le colonel Bonvalet, la réunissant à la sienne, en prit la direction.

Cette route présenta de grandes difficultés : les voitures étaient pesamment chargées, et les

11.

attelages éreintés ne réussissaient qu'avec peine à les arracher des terres détrempées. La colonne campa le premier jour à Abd-el-Beg, sur le Bou-Sellam, où elle reçut la colonne Marié, et le lendemain sur un mamelon au pied duquel coule l'Oued-Chair.

Ce passage difficile devant être disputé, le commandant Demangeon reçut l'ordre d'aller, avec deux cent cinquante chevaux, prévenir l'ennemi à Sidi-Embarek. Cette cavalerie dut être bientôt soutenue, en présence du nombre toujours croissant des rebelles ; le colonel Marié refoula ce qui se présentait devant lui, et attendit à Sidi-Embarek la queue du convoi ; on avait mis onze heures pour faire cinq kilomètres !

Le lendemain, j'assistais, du fort de Bordj, à l'arrivée du convoi qui venait nous apporter des ravitaillements.

XIV

La plaine était absolument déserte au départ de la colonne, nous n'entendîmes pas un coup de feu.

Les Arabes l'attendaient sans doute à l'Oued-Chair, mais nous la vîmes prendre la route de Tassera.

Le colonel m'avait laissé un troupeau de deux cent trente moutons et de soixante-dix bœufs, et m'avait recommandé de faire bonne garde autour de lui, car c'était un bon appât pour nos ennemis.

Avec des poteaux et de vieux fils télégra-phiques, je fis construire une enceinte dans la cour du fort, et chaque soir, après avoir pâturé tout le jour, bœufs, brebis et béliers rentraient dans les compartiments qui leur étaient affectés.

Après un triage nécessaire, je pus donner, tous les matins, dix ou quinze litres de lait aux malades de l'ambulance.

Les jours suivants, les tentes revinrent s'établir à quelque distance de nous, et toutes les nuits des feux étaient allumés au sommet des montagnes.

Un matin, une véritable colonne s'avança du sud. A l'ordre qui paraissait y régner, je crus un moment à l'arrivée de troupes françaises : je reconnus bientôt un rassemblement considérable d'Arabes, précédés par un front de mulets montés et éclairés par quelques cavaliers.

Je sortis avec quelques hommes pour les observer, mais ils se retirèrent, comme toujours, en laissant un mulet tué.

Ils étaient entrés dans le marabout de Sidi-ben-Kha, et étaient venus tout simplement y porter un mort, un homme de grande tente, c'était à croire, car il fut enterré dans l'intérieur de la mosquée, et non dehors, comme les musulmans ordinaires.

24 juin. — Notre situation n'avait jamais été meilleure. Cependant, l'ennui de notre solitude et de notre inaction commençait à nous gagner tous ; nous en arrivions à nous demander quand finirait cette insurrection, et ce n'est pas sans sourire que nous lisions dans nos journaux en retard, que le calme était rétabli et que tout allait pour le mieux dans notre colonie. Qui de nous eût donné le conseil au *reporter* d'un de ces journaux d'arriver jusqu'à Bordj ?

Quelle chaleur il faisait à ce moment de l'année ! Quel fléau que ces nombreuses mouches qui se lèvent en même temps que le soleil ! Quel supplice d'écrire en si fatigante compagnie !

Et pendant ces longues journées, sans nouvelles fraîches de France, sans nouvelles d'Algérie même, je laissais aller mes souvenirs, et je refaisais, par la pensée, mon voyage de l'année précédente à Bou-Saada.

XV

C'était au mois de septembre 1870 : presque toutes les troupes avaient été envoyées en France, les convois n'étaient plus aussi réguliers entre Sétif et Bou-Saada; on jugea qu'il était utile de faire voir aux indigènes, de ce côté, qu'il restait des troupes encore dans la province, pour les observer et les contenir au besoin.

On me donna le commandement d'une petite colonne composée de deux escadrons de mon régiment et d'une forte compagnie d'infanterie que je devais laisser à Bou-Saada.

Après avoir suivi la direction de l'est à l'ouest, de Sétif à Bordj, la route tourne brusquement au sud, après avoir rencontré cette dernière ville. Pendant deux lieues, on marche

en plaine en traversant plusieurs fois l'Oued-
Ksab, puis on s'engage dans les montagnes
boisées qui séparent le Tell du Hodna, sur un
espace de dix lieues environ. Au milieu de ces
montagnes, au centre de cette grande tribu
des Ouled-Khelouf qui renferme bien les
Arabes les plus misérables et les plus voleurs
du pays, a été bâti le petit caravansérail de
Medjès. Les colonnes y trouvent quelques approvisionnements et campent au bord de
l'Oued qui va se perdre dans le grand chott du
Hodna après avoir passé à Msila. Ce pays sauvage et triste fournit au nord et au sud, avec
ses thuias rabougris, le combustible nécessaire
aux habitants de la plaine.

Msila[1] est la première ville saharienne que
l'on rencontre en descendant vers le désert;

[1] Msila est remarquable par l'industrie du filali ou maro-
quin, avec lequel se fabriquent les selles et les brides, les
djebiras, les pantoufles, les gaînes de couteau.

elle montre sur un mamelon sa masse compacte et grisâtre, et est séparée des jardins qui l'entourent par la rivière; mais ni pont ni passerelle pour entrer dans ce dédale de rues sales et tortueuses.

Il n'y a à Msila que six ou sept Européens. Le jour de mon passage, l'un d'eux vint me demander des hommes pour conduire à sa dernière demeure un de ses camarades. C'était jour de marché, et, à cause du bon effet que cela devait produire sur les nombreux Arabes qui y étaient réunis, j'allais accorder cette demande, quand je vis des Mozabites en train déjà de procéder à l'inhumation, dans mon camp même, entourés d'hommes de la colonne. J'éloignai ces curieux, je leur ordonnai de prendre une tenue convenable, car c'était à un compatriote, à un chrétien comme nous, que nous allions rendre les derniers devoirs. Cinq minutes après, cent cinquante hommes

entouraient silencieusement la fosse, et rendaient à ce Français inconnu sur cette terre
abandonnée, des honneurs auxquels il n'avait
pas dû s'attendre. Quand je repassai à Msila
huit jours après, je repris le même bivouac,
et ma tente se trouva dressée auprès d'un
renflement du sol qui indiquait seul la
place où reposait le corps d'un homme oublié
déjà.

Les Ouled-Naïls [1] ont pris Msila, Bou-Saada,
Biskra, pour lieu de séjour. Les brunes filles
de cette tribu viennent y faire commerce de
leurs amours, et après quelques années de ce
trafic, elles rapportent dans leur pays une dot et
une expérience de la galanterie qui les font vivement rechercher en mariage par les Arabes.
Vêtues d'habits aux couleurs criardes, la tête
chargée de foulards et de cordes en poil de cha-

______

[1] Tribu nombreuse de la province d'Alger, au nord de
Laghouat.

meau, couvertes de parures en argent à incrus-
tations de grossier corail, elles exhalent une
insupportable odeur de graisse rance, due aux
cosmétiques avariés dont elles imprègnent leur
chevelure. Leurs tatouages les rendent hi-
deuses! Le soir, dans les cafés maures où elles
étalent leurs grâces, au son monotone d'un
orchestre composé d'une clarinette aiguë, de
plusieurs tambours de basque et de tam-tams,
elles se livrent à une danse lente qu'explique
suffisamment le jeu de leurs prunelles. L'oreille
est d'abord désagréablement surprise, puis
bientôt on se fait au rhythme de cette étonnante
musique, l'esprit s'endort, et ce n'est pas sans
un certain charme qu'on les voit danser en
faisant leurs mouvements de hanches, en agi-
tant leur mouchoir en avant d'elles ou en le
plaçant sur l'épaule de celui qu'elles croient
avoir séduit. Leur donne-t-on une pièce de
monnaie, elles l'appliquent sur leur front ruis-

selant de sueur, et remercient, en s'inclinant jusqu'à terre, mais sans interrompre leur danse, le généreux spectateur.

Après Msila, on entre dans le Hodna, et on aperçoit bientôt, à dix-huit lieues au fond de cette vaste plaine, le fort et l'oasis de Bou-Saada.

Nous étions escortés par Si-Saïd-ben-bou-Daoud, ce même Ouled-Mokran qui, six mois plus tard, devint un des chefs principaux de l'insurrection. C'est une obligation pour les caïds de venir se mettre à la disposition des commandants de colonne, pour leur servir de guides et leur donner des renseignements dont ils sont responsables vis-à-vis du commandant du cercle.

Parmi ses serviteurs, le caïd avait un vieil Arabe qui portait sur sa tête ou sur le devant de sa selle un pigeon dont les ailes et le corps étaient emprisonnés dans un filet à mailles fortes et serrées : c'était l'éleveur de ses oi-

seaux de race, l'homme qui dressait ses faucons, car, suivant l'usage des Arabes de grandes
familles, Bou-Daoud chassait au vol. Au commencement du printemps, à la saison des
amours, il avait mis des faucons en liberté, et
comme ces animaux s'éloignent peu du pays
qu'ils connaissent, il voulait les reprendre,
chemin faisant, pour la chasse qui recom-
mence en novembre. On se sert pour cela
d'un pigeon ou d'un kanga [1], préparé comme
celui que je voyais; on l'attache à terre au
moyen d'une petite corde, assez longue pour
qu'il puisse marcher, et dès que le faucon,
toujours affamé, se précipite sur lui, il embar-
rasse ses serres dans les mailles et est adroite-
ment saisi par le biaze [2].

La route de Bou-Saada traverse en chaussée
le grand chott du Hodna. Ces chotts sont des

[1] Kanga, espèce de perdrix.
[2] Biaze, oiseleur.

lacs de grande étendue après la saison des pluies, mais dont l'eau s'évapore en été, en laissant sur les grandes herbes et sur le sol une légère humidité saline. Pendant les chaleurs, quand le soleil, le matin et le soir, envoie ses rayons obliquement sur le sol recouvert d'efflorescences salines, on jouit des effets si vantés du mirage. Nous passions au moment favorable pour être témoins de ce phénomène. De loin on semble voir surgir du milieu de l'eau des îles vertes et boisées dont l'aspect varie à mesure qu'on se déplace; la moindre aspérité de terrain prend des reliefs surprenants : un mulet, un chameau, un homme, des proportions gigantesques.

Les Français ont creusé dans le Hodna des puits artésiens qui marquent les journées de marche ou les haltes des colonnes; le premier, à l'Oued-Chellol, entre Msila et Bagnou, donne une eau abondante et bonne; le second, entre

Bagnou et Bou-Saada, a été détruit pendant une insurrection.

A partir de Bagnou, le terrain commence à devenir sablonneux, est recouvert çà et là de touffes d'herbe et des longs rameaux des coloquintes couverts de leurs pommes jaunes. Bou-Saada [1] a l'aspect saharien comme Msila, et a pour ceinture une fraîche oasis de palmiers.

Le fort qui domine la ville a de l'eau, du canon, et n'en aurait pas pour longtemps à démolir ces maisons bâties en terre durcie au soleil. Une garnison française bien approvisionnée a peu à craindre des Arabes dans ces conditions; aussi a-t-on placé à Bou-Saada une colonne mobile composée de deux escadrons, d'un bataillon d'infanterie et d'artillerie. Elle est destinée à se porter rapidement

---

[1] A Bou-Saada se fabriquent les bagues, les bracelets, tous les bijoux que portent les femmes. Le boussadi est un petit couteau à lame excellente qui sert à tout.

'au secours de nos tribus soumises du sud, quand elles sont menacées par les incursions lointaines des nomades du Sahara.

La guerre avec la Prusse venait modifier ces précautions; je ramenai la plus grande partie des troupes qui tenaient garnison à Bou-Saada, et j'y laissai les deux cents hommes que j'avais accompagnés.

XVI.

Je rentre dans mon récit.

On moissonnait alors, aussi bien de notre côté que du côté des Arabes, presque dans les mêmes champs. Quelques cavaliers venaient cependant nous menacer quelquefois de trop près, des coups de fusil étaient échangés, cela devenait intolérable.

Je résolus donc, tout en me renfermant dans les instructions qui m'avaient été données, d'élargir mon cercle et de donner toute sécurité à notre travail. Il n'était pas sans rapporter quelques petits profits. Un homme remplissait d'épis un sac de grandeur ordinaire, et trouvait à en vendre plusieurs par jour aux quelques colons qui étaient restés à Bordj. Ils avaient raison de penser à l'avenir, et il était trop cruel, en vérité, de laisser les Arabes, seuls, récolter des champs qu'ils n'avaient pas ensemencés!

« A partir de demain, on ne sortira plus sans armes; la faucille d'une main, le fusil à la grenadière, les cartouches dans une musette, en tenue de travail, on tiendra les Arabes à bonne distance. Il ne faut pas reculer, mais rester maîtres chez nous. » Tel est, à peu près, l'ordre que je donnai.

A partir de ce jour, ce fut à qui travaillerait; les tirailleurs — arabes avant tout — ne virent qu'une occasion de razzer, et se livrèrent à une véritable chasse au mulet ou à l'âne, à l'homme aussi; elle fut assez fructueuse.

Je plaçai, une nuit, dans le marabout de Sidi-ben-Kha, une trentaine d'hommes, et je leur dis d'attendre le jour dans le plus grand silence et sans se faire voir, car je prévoyais que, comme le jour précédent, les Arabes se réuniraient là, pour moissonner un superbe champ de froment.

A la pointe du jour, les Ouled-Khelouf arrivèrent en nombre ; ils étaient de ces pillards qui s'étaient enrichis à l'attaque de Bordj, car plusieurs portaient des paletots français : un cavalier, après avoir reconnu le terrain, fit signe d'approcher. Quelle jolie razzia de mulets il y avait à faire !

J'attendais le premier coup de feu, prêt à aller au pas de course, avec une compagnie de mobiles, renforcer les hommes en embuscade s'ils étaient serrés de trop près. Malheureusement, ce premier coup de feu fut tiré trop tôt, adieu nos projets ! On atteignit bien quelques hommes, mais un mulet eût bien mieux fait notre affaire !

Depuis lors, nous fûmes tout à fait libres de nos mouvements, on n'eut plus un seul coup de fusil à tirer.

Mon troupeau gagnait à vue d'œil; dédaigneux de l'herbe ou de la paille, il ne se nourrissait que d'épis; aussi la santé s'était considérablement améliorée, je ne perdais presque personne.

La tenue avait suivi une marche inverse; les vareuses avaient pris une teinte douteuse, et pour remplacer leurs pantalons usés, les mobiles ne sortaient qu'en caleçon. Mais les caleçons ne pouvaient non plus éternellement durer! Encore quelques jours donc, et mes soldats n'auraient pour vêtement qu'un rayon de soleil! Les souliers aussi faisaient défaut, et dans la prévision d'une route, il m'en fallait demander à Sétif.

Le hasard me fournit aussitôt le commissionnaire que je cherchais.

14 *juillet.* — Une vieille femme et un jeune Arabe vinrent me demander de les recevoir; le jeune homme n'avait rien à craindre, car il

était depuis le commencement de l'insurrection dans le camp opposé au nôtre ; je l'expédiai à Sétif, et je fis causer la vieille.

Elle m'assura que l'insurrection battait de l'aile, et que si je voulais recevoir tous ceux qui viendraient se présenter, il y aurait bientôt foule chez moi. Les chefs cependant, me dit-elle, sachant bien qu'ils n'avaient pas de pardon à attendre, maintenaient la résistance par l'intimidation ou en racontant des histoires invraisemblables : ils répandaient partout que le bach-agha n'avait pas été tué, mais qu'il était allé « chercher la Prusse », et qu'à son retour nous ne tarderions pas à être chassés définitivement du pays. Sous peine de mort il était défendu d'approcher de son tombeau.

Ces fables ne rencontraient que des incrédules : les rebelles étaient toujours battus et razzés par nos colonnes, et il était impossible de cacher ces échecs dans les tribus.

Dans la journée, dans la nuit surtout, des incendies considérables s'étendaient sur les montagnes. Allumait-on ces feux pour garder les troupeaux de la visite des bêtes fauves, des lions surtout, qui se montrent fréquemment chez les Maohi? Les tribus se faisaient-elles la guerre entre elles? Il n'y avait là rien d'impossible, car nous savions que des fractions reprochaient déjà à d'autres fractions de les avoir entraînées dans la révolte.

On crut entendre, un soir, le canon dans la direction des Beni-Mansour. Quelle était cette colonne? Il nous était bien permis de faire des hypothèses sur les mouvements de nos troupes, puisqu'il y avait un mois bientôt que nous étions sans nouvelles.

Une jeune femme arabe nous fut renvoyée dans le même temps; c'était la fille d'un deira du bureau arabe, mariée chez les M'gueddem. Elle était répudiée. Le père fut moins sensible au déshonneur qui rejaillissait sur lui, qu'à la crainte d'être obligé de rendre peut-être la dot au mari. Laktremeche m'expliquait son affaire avec une grande animation. Dans le mariage musulman on achète une femme, comme dans un marché on achète une marchandise. La somme que donne le mari est le don nuptial : et comme la jeune fille était, lors du mariage, sous la dépendance paternelle, c'était le père qui avait reçu l'argent; n'allait-il pas être obligé de rendre à son indigne gendre les cinquante-cinq francs qu'il avait vendu sa fille ? Cette pensée l'exaspérait; il en appellerait, me disait-il, à tous les cadis de la province. Pour cette femme de treize ans ne serait-il pas trop tard pour prendre un nouvel époux ? La marchandise avait perdu, à coup sûr, une notable partie de sa valeur.

17 juillet. — Le colonel Bonvalet arrivant vers midi, annonça à ma garnison qu'elle était relevée et qu'elle devait le lendemain se mettre en route. Je recevais l'ordre en même temps de rejoindre à Sétif le dépôt de mon régiment, et de rentrer en France avec lui.

Grande fut la joie chez mes mobiles! Ils oublièrent en un moment les longs mois de privations et d'ennuis qu'ils venaient de passer à Bordj-bou-Arréridj. Ils allaient retrouver leurs familles, leurs affaires, leurs travaux, dont ils étaient depuis un an séparés. Ils ne rentraient pas tous, hélas! car le cimetière témoignera de leur passage et des services qu'ils ont rendus dans une des épreuves les plus critiques qu'ait subie notre colonie algérienne.

Quant à moi, ce n'était pas sans regret que je pensais à prendre le chemin de Sétif. Je m'intéressais à cette petite ville que j'avais vue en flammes, comme on s'intéresse à un ami qu'on a vu un moment en danger de mort. L'insurrection avait commencé là avec le caractère le plus sérioux, j'aurais été désireux d'en voir la fin dans ce pays même. J'aurais assisté avec bonheur à la reconstruction de ces maisons détruites en quelques heures, et à la rentrée dans leurs propriétés des habitants dépossédés pendant plusieurs mois.

Mon bagage était léger. J'allai passer la nuit sous la tente, au bivouac de la colonne; j'étais prêt à mettre le pied à l'étrier.

18 *juillet.* — Le camp fut levé à quatre heures du soir : mais au lieu de suivre la grande route, le colonel inclina légèrement au sud, de manière à traverser la grande tribu des Rir'a. L'énergique caïd insurgé, Ahmet-Bey, était une menace constante pour cette tribu, il nous fallait de temps en temps faire acte de présence au milieu d'elle.

Au premier aspect, on ne voyait personne dans le pays ; cependant nous avions fait un kilomètre à peine, que notre arrière-garde était vivement pressée par des cavaliers ennemis et que quelques mulets retardataires étaient séparés de nous, et obligés, pour ne pas être pris, de rétrograder sur Bordj. Nous avions des malades, des écloppés, des mulets de réquisition fatigués; notre marche était lente.

Nous allâmes camper à Oum-el-Adam, un peu au nord d'El-Anasser. Un oued presque desséché ne put donner d'eau que pour les hommes, et encore, la nuit arrivée, il fut impossible d'y aller puiser sans danger de se faire tuer. On s'établit sur un petit plateau qui n'était dominé d'aucun côté, mais les grand'gardes placées sur les quatre faces eurent toute la nuit à faire le coup de feu; il était probable que le lendemain nous serions escortés mieux encore que le jour de notre départ.

19 *juillet*. — A peine partis du bivouac, toutes les montagnes se garnirent d'Arabes.

Jusqu'au delà de Tassera le pays est accidenté et resserré entre des hauteurs.

Nous marchions sans nous arrêter, la cavalerie en tirailleurs sur les flancs. L'ennemi, tenu à distance par le feu de nos chassepots, nous précédait en couronnant les hauteurs à mesure que s'avançait la colonne, nous retardait ainsi, en même temps qu'à l'arrière-garde il montrait une audace extraordinaire et cherchait à s'emparer de quelque traînard ou de quelque mulet du convoi.

La colonne fit halte au Hammam près de l'Oued. Dominés de tous côtés, il nous eût fallu, pour y passer la nuit, établir de nombreuses grand'gardes, imposer par conséquent aux hommes un service pénible. Le colonel se décida, malgré une chaleur très-forte, à poursuivre sa route et à aller coucher à cinq lieues plus loin, dans un pays où on aurait la presque certitude de ne pas être attaqué, où les troupes prendraient un repos nécessaire.

Peu après l'endroit où nous fîmes cette grande halte, les hauteurs intermédiaires s'abaissent, et la plaine que nous parcourions n'avait pour limite au sud que les montagnes considérables qui nous séparaient du Hodna.

L'ennemi, traversant alors une tribu qui nous était restée fidèle, et n'ayant plus de points de refuge où il pût échapper à la poursuite de la cavalerie, abandonna l'escorte incommode qu'il nous faisait depuis le matin.

A sept heures du soir, on s'installait au bivouac à Kaser-tair, près des bordjs de Mohammed-Ser'ir et de Bel-Aroussi. On avait beaucoup tiraillé dans cette journée; la colonne avait marché lentement par une forte chaleur; les troupes avaient besoin de repos après une étape de plus de dix lieues.

Les mobiles, qui, depuis plusieurs mois de séjour à Bordj, ne s'étaient pas exercés à la marche, furent particulièrement éprouvés : l'un d'eux mourut subitement en arrivant au bivouac.

Le colonel Bonvalet reçut le soir même les caïds et les hommes les plus importants de la tribu. Il avait à juger les plaintes de chacun; des ordres à donner, des rapports sans nombre à adresser.

Ahmet-Bey se tenait constamment peu éloigné, menace vivante pour nos caïds fidèles, toujours prêt à les razzer si nous les abandonnions à leurs propres forces.

Devant les craintes de tous, il fut décidé que le colonel Marié resterait là pour surveiller le pays.

22 *juillet.* — Je partis pour Sétif avec le colonel Bonvalet, et il donna l'ordre aux deux escadrons de chasseurs d'Afrique de venir le rejoindre le lendemain.

Il se mit en marche deux jours après avec ces deux escadrons et une section d'infanterie, et releva, à Takitount, la section de mobiles qui depuis plusieurs mois gardait ce poste.

Takitount est à trente-cinq kilomètres au nord de Sétif. C'est un petit fort, bâti sur un point élevé, au milieu d'un pays aride, entre le Djebel-Magris et les Babor ; sentinelle avancée qui surveille des tribus remuantes.

Il commande la nouvelle route de Sétif à Bougie, une des plus pittoresques de la province. Quelques lieues après Takitount, cette route entre dans le Chabett, suit sur le flanc de la montagne le lit torrentueux de l'Oued-Agrioun, et tombe dans la mer. On côtoie le rivage, et après avoir doublé le cap Aokas sur une belle route en corniche, on voit au fond du golfe les remparts et les maisons en amphithéâtre de la jolie ville de Bougie. Cette route du Chabett sera toujours menacée dans son bon état d'entretien, si ce n'est dans son complet achèvement, par le chemin de fer projeté qui doit relier Constantine à Alger, par Sétif, Bordj-bou-Arréridj et Aumale. Et cependant quelle importance a pour Sétif cette belle voie de communication, qui le mettrait à une quinzaine de lieues de la mer, à cent douze kilomètres d'un des meilleurs ports de l'Algérie !

Le détachement du 43° mobiles, relevé à Takitount, partit aussitôt pour Philippeville avec le commandant Berlau, et s'embarqna pour Marseille. Le 6° escadron du 8° hussards arriva de Batna peu de jours après. Le capitaine de Saint-Germain, qui le commandait, avait pris avec lui une part active aux opérations militaires dans ce cercle : il ne tarda pas à se diriger sur le port d'embarquement.

J'attendais pour me mettre en route à mon tour l'arrivée du 5° escadron; mais le général Saussier ne pouvait s'en passer encore dans sa colonne, car la cavalerie était de la plus grande utilité.

Le 1ᵉʳ régiment de hussards arrivait de France, et c'était ce régiment (à qui on ne pouvait donner le temps de se réorganiser après la longue et pénible campagne qu'il venait de faire contre l'Allemagne) qui avait un escadron à envoyer pour remplacer celui du 8e.

XVIII

Le général Saussier, après la pointe qu'il avait faite au sud de Sétif avec deux escadrons et mille fantassins à dos de mulets, se porta de nouveau au nord d'El-Ouricia.

Il battit Cheïkh-Si-Azis à Aïn-Doucouan, non loin d'Aïn-Abessa et du col des Cigognes.

Sa colonne eut à repousser, dans ce difficile pays, de violentes attaques de nuit, dans lesquelles MM. de la Carte et Bory, du 1er zouaves, furent tués et mutilés par l'ennemi.

Le 19 juin on se battit à Dra-el-Caïd, le 21 à l'entrée du Chabett, le 26 à Germouna. Les moissons étaient mûres alors, et furent incendiées dans presque tout le territoire du Sahel-Guebli.

Le 2 juillet, on apprit la prise du cheikh Si-Azis par le général Lallemand. L'insurrection voyant lui échapper un de ses meilleurs chefs, perdait ainsi de son caractère inquiétant. Les Amouchas ne tardèrent pas à faire leur soumission : il y avait trois mois que ces tribus soutenaient la lutte. Leurs pertes avaient été considérables.

Le 9 juillet, combat de Cala-facem.

Le général Saussier, après avoir enlevé la position de Dra-el-Arba, où il fit éprouver un rude échec à Bou-Mezrag, s'avança sur la zaouïa de Cheikh-el-Haddad. Le vieux marabout vint alors se livrer au général, à son camp de Merjoumena.

Les colonnes étaient nombreuses sur l'Oued-Sahel.

Le colonel Ponsart, débarqué à Bougie le 25 juin avec deux régiments venant de France, attaqua et réduisit les M'zaïa ; puis, détachant une partie de ses troupes sous les ordres du colonel Thibaudin, il alla opérer dans le Sahel-Guebli et les contre-forts des Babor.

Le colonel Ponsart partit bientôt pour Cherchell, et le colonel Thibaudin se transporta, avec la colonne qu'il commandait, dans les environs de Bordj-Medjana.

Le général Lallemand s'était réuni, comme nous l'avons vu, au général Cerez. Les deux colonnes campèrent le 12 juin devant Tizi-Ouzou, d'où elles repartirent le 17 pour débloquer Fort-National (Napoléon). Elles marchèrent parallèlement, le général Lallemand à droite, le général Cerez à gauche, gagnèrent les crêtes après avoir livré plusieurs combats, et occupèrent le soir même les hauteurs rapprochées du fort. A l'approche des colonnes, le lieutenant-colonel Maréchal, commandant supérieur du fort, sortit avec deux cents hommes pour se porter à leur rencontre ; les

Kabyles s'opposèrent vigoureusement à cette sortie, car les colonnes étaient éloignées encore de huit kilomètres. Le lendemain, les généraux Lallemand et Cerez campaient sous les murs de la place. Fort-National avait subi un siége de soixante-trois jours ; ses défenseurs avaient fait des sorties brillantes et repoussé plusieurs assauts.

Les contingents kabyles se réunirent à Icheriden, qui fut enlevé le 24, après une vive résistance. Ce fut le dernier effort sérieux de l'insurrection dans la Grande Kabylie. Les colonnes, campées d'abord au Sebt des Beni-Yahia, puis à Ourdja, reçurent la soumission de toutes les fractions de cette région.

Les Guechtoula seuls restaient en armes.

Tandis que le général Lallemand, franchissant le col de Tirourda, descendait dans l'Oued-Sahel, le général Cérez se dirigeait le 6 juillet sur Dra-el-Mizan, en suivant le versant nord

13.

du Djurdjura, afin d'achever la soumission du pays.

Le 11, il attaqua de front les Beni-Koufi, que le colonel Goursaud prenait à revers par Teniet-Djaboub, et les forçait à demander l'aman.

Après quelques jours passés à Dra-el-Mizan, puis sur le bord de l'Oued-Sahel, la colonne Cerez rentra à Aumale le 24 par l'Oued-Berdi, laissant encore en observation, entre Bordj-Bouira et Beni-Mansour, la colonne légère du colonel Goursaud.

Le général Lallemand, rentré à Alger peu après le combat d'Icheriden, laissa le général Deplanque avec une partie de sa colonne chez les Beni-Ratten, pour contenir les tribus environnantes.

La prise de Si-Azis, la reddition du cheikh El-Haddad, mettaient fin à l'insurrection kabyle.

Dès ce jour, en effet, le général Saussier n'eut plus devant lui que les Mokrani.

Le 24 juillet, sa colonne quittant le camp de Merjoumena par une marche de flanc, arriva à Tam-Saout au confluent de l'Oued-bou-Sellam et de l'Oued-Sahel, en face du pic d'Akbou. Un combat violent s'engagea à cinq heures du soir, et fit éprouver aux Arabes des pertes importantes.

Le 26, la cavalerie fit une magnifique razzia.

Le 30 juillet, de retour dans la Medjana, le général Saussier recevait la soumission des M'gueddem.

15 août. — Le colonel Flogny, qui opérait aussi sur l'Oued-Sahel à la droite du général Saussier, passa dans ce moment à Sétif, marchant vers l'est de la province.

Le capitaine de Beaumont, commandant supérieur de Bou-Saada, n'avait eu pour garder ce poste pendant l'insurrection que deux compagnies de mobiles et un peloton de spahis. Pendant le mois d'avril et la première quinzaine de mai, il fut simplement cerné, puis attaqué faiblement par Bou-Daoud. Au commencement de juin, il repoussa une attaque très-vive du côté de l'oasis, attaque contre laquelle les spahis de M. le sous-lieutenant de Canisy furent surtout engagés.

Le capitaine de Beaumont, écrivant en ce moment à la subdivision de Sétif, disait que les vivres devenaient rares, et insistait sur la nécessité de montrer une colonne dans le Hodna afin d'améliorer sa situation et de nous rallier ou nous conserver la grande majorité des tribus. Elles étaient fatiguées déjà, et mécontentes des excès commis par les gens impitoyables de Si-Saïd-ben-bou-Douad.

Depuis le mois de mai, une colonne d'observation était campée au sud d'Aumale, à Sidi-Aïssa. Cette colonne, sous les ordres du lieutenant-colonel Muel, du 1ᵉʳ spahis, avait été formée à Boghari dans les premiers jours d'avril, pour observer le pays entre Boghar et Aumale. Elle avait parcouru toute la contrée s'étendant de Boghar à Roumilah, lorsque le lieutenant-colonel Trumelet fut placé à sa tête au milieu de juin.

Après avoir séjourné à Sidi-Aïssa du 9 au 29 juin, elle vint se ravitailler à Aumale, où elle se renforça encore d'un bataillon du 50ᵉ de ligne.

Elle eut pour mission de ravitailler Bou-Saada.

La colonne quitta Aumale le 8 juillet pour se rendre à Grimidy (4 kilomètres ouest de Sidi-Aïssa), où elle séjourna durant quatre semaines. Elle se mit en marche pour Bou-Saada, le 5 août, avec un énorme convoi de ravitaillement, pendant que le général Cerez se portait d'Aumale sur Msila, dans le but d'attirer à lui les contingents de Bou-Mezrag, et de favoriser ainsi la marche de la colonne Trumelet.

Les chaleurs et la rareté de l'eau rendirent cette marche très-difficile. Elle arriva le 10 à Bou-Saada, après un engagement heureux, le 9 à Eddis, et repartit de Bou-Saada le 14, pour arriver le 20 à Aumale.

Le général Cerez rencontra l'ennemi le 6, non loin de Kasbah, dispersa ses contingents et enleva de nombreux troupeaux. Le 22, il était de retour à Aumale.

XIX

Le major du 8ᵉ hussards rentra à Sétif avec le 5ᵉ escadron. Il y avait cinq mois que cet escadron était en expédition, et il avait pris part à toutes les affaires de la colonne Saussier.

A l'époque où nous sommes arrivés, on pouvait considérer l'insurrection comme vaincue. Les Kabyles avaient donné des otages, et payé déjà des contributions considérables.

Les Arabes rebelles, partout refoulés vers le sud, ne nous laissaient plus que le soin de les empêcher de remonter vers le Tell.

Le général de Lacroix, d'ailleurs, nommé récemment gouverneur de la province de Constantine, avait pris en main la direction des opérations militaires. Il était allé en personne rétablir l'ordre dans le cercle de Djidgelly ; son habileté bien connue, assurant aux rebelles une répression sévère et prompte, était le gage le plus certain d'une tranquillité prochaine.

Sétif, septembre 1871.

CONCLUSION

La cour d'assises de Constantine vient d'avoir à juger cette insurrection de 1871.

Qu'elle ait fait passer à sa barre les grands chefs arabes ou les comparses de l'insurrection; que ce soit une conquête du gouvernement civil sur le régime militaire, d'avoir traduit ces accusés devant le jury au lieu de les avoir déférés à des juges militaires, peu nous importe. Nous ne voulons pas entrer dans les détails de cet immense procès : le respect de la chose jugée nous interdit de rechercher si les châtiments ont été équitablement répartis, ou si les apparences n'ont pas pu égarer la justice.

Qu'on nous permette de tirer de cette insurrection des enseignements d'une nature plus élevée.

Devons-nous nous endormir maintenant dans une sécurité profonde?

Devons-nous croire, cette fois encore, à la pacification définitive du pays?

Nous livrons aux méditations de ceux qui pourraient partager de si douces illusions, le souvenir suivant, emprunté à un ouvrage [1] de M. Charles Féraud, interprète principal de l'armée d'Afrique : « En 1864, Amer-ou-« Tagrount, l'âme d'une insurrection dans le « Babor, tomba entre les mains de nos troupes. « Lorsqu'on lui demanda ce qu'il pensait de « son insuccès, il répondit philosophiquement : « Nous nous sommes trompés, notre échec tient « à ce que le moment n'est pas encore venu. »

Après quarante-trois ans de possession bientôt, est-ce donc là le résultat obtenu? Hélas! oui. En face de nous, le musulman

---

[1] *Histoire des villes de la province de Constantine.*

reste toujours le musulman. L'Arabe a pour devoir de nous maudire en secret quand il est le plus faible, et de faire tous ses efforts pour nous abattre quand il se sent le plus fort; il accepte la rémunération de ses services ou les avantages que nous lui faisons, sans se croire tenu à la moindre reconnaissance, si même il ne tient pas pour un acte méritoire de nous prendre notre argent et de le tenir soigneusement caché pour le jour propice où il aura besoin d'acheter de la poudre et des armes.

Et en présence de l'abîme qui sépare les deux races, qu'avons-nous fait depuis le jour de la conquête?

Nous avons bâti des mosquées; nous mettons nos bâtiments à la disposition des indigènes, afin qu'ils aillent à la Mecque retremper leur foi et raviver leur haine contre le chrétien; nous n'oublions pas, sous le gouvernement du 4 septembre, de supprimer ces messes militaires qui montraient aux Arabes une députation de tous les corps de troupes entrant le dimanche à l'église, tandis que nous trouvons tout naturel que notre artillerie annonce, au bruit du canon, pendant le Rhamadan, le lever et le coucher du soleil; nos conseils municipaux proclament l'excellence de l'instruction obligatoire et laïque (cette panacée infaillible, croient-ils, contre les maux de l'époque), et nous voyons, sans nous en préoccuper, les agissements des khouans et de leurs mokaddems, nous tolérons les leçons dangereuses qui se donnent dans les zaouïas. Est-ce logique?

Sans prétendre détruire la liberté de conscience, n'est-ce pas dépasser les limites de la tolérance religieuse? Le mahométisme, enfin, est-il donc l'arche sainte à laquelle il ne faudrait pas toucher?

Nous le savons tous, l'Arabe ne respecte

chez nous que deux hommes, le soldat et le prêtre. Il respecte le premier, parce qu'il est, dans l'esprit de ces tribus belliqueuses, la plus noble expression de la force, la force guerrière; le second, à cause de son titre de ministre de Dieu (il l'appelle marabout français), car, malgré tous ses vices, l'Arabe est profondément religieux.

Le soldat, lui, a rempli en grande partie la mission qui lui incombe; mais ne nous hâtons pas de nous passer du concours de l'armée dans ce pays, car longtemps encore elle devra protéger deux cent mille Européens contre les velléités de révolte de deux millions d'indigènes.

Nous n'avons rien voulu faire au point de vue religieux, nous avons eu tort.

Loin de nous la pensée que le sabre doive être employé à la conversion des musulmans. Bien loin d'approuver ce moyen, qui a servi aux Turcs dans les tribus de race berbère qu'ils ont rencontrées en Algérie, nous croyons que le pouvoir doit s'abstenir de toute ingérence en cette matière.

Que le musulman ait toute liberté de se décider à son gré ; mais aussi, que toute liberté d'enseigner et d'instruire soit laissée au prêtre, et que nos missionnaires, — sans chercher à lutter contre l'obstination des adultes, — amènent les enfants, par la puissance de la religion, à nous reconnaître comme frères. Avec ces enfants devenus grands se formeront des centres chrétiens, autant de çofs sur lesquels nous pourrons compter en toutes circonstances, et dans un avenir plus rapproché que nous ne pouvons le croire peut-être, la France, au lieu de n'avoir à gouverner que des vaincus, fera participer de véritables sujets aux bienfaits de la civilisation.

Constantine, mai 1873.

APPENDICES

I

Au camp d'Aïn-Soultan, 22 mai 1871.
Colonne du général Saussier (Kabylie orientale).

Mon Commandant,

J'ai l'honneur de répondre à la lettre dans laquelle vous me demandez des renseignements relatifs à mon voyage à Bordj avec M. le colonel commandant la subdivision, peu de temps avant l'insurrection.

Le 2 février 1871, je quittai Sétif pour accompagner à Bordj, avec mon peloton, le colonel Bonvalet. Il avait. avec lui M. Meyer, interprète militaire ; le caïd Ben-Zeïdan, lieutenant au 3e spahis, et quatre spahis du bureau arabe de Sétif. On arriva de bonne heure au caravansérail d'Aïn-Tagroutt, où l'on coucha, et le lendemain, vers dix heures du matin, nous arrivions à Bordj.

Nous vîmes venir à notre rencontre le capitaine Olivier, du 3e spahis, commandant le cercle ; le capi-

taine Duval, adjoint au bureau arabe ; l'interprète
Valet, suivis d'un peloton de spahis et de quelques
hommes du goum. C'était l'heure du déjeuner. Nous
étions à peine assis à table, qu'un chef arabe entra.

« Mon colonel, dit le capitaine Olivier en se levant,
je vous présente Si-Mohammed-el-Mokrani, bach-
agha de la Medjana. » Le chef arabe toucha du bout
de ses doigts la main du colonel, et tous deux portèrent
à leurs lèvres l'index de la main droite.

Je fus étonné de cette familiarité, et j'aperçus la
figure du colonel se rembrunir.

Je ne me doutais nullement alors de la terrible insurrection que j'étais appelé à voir, et l'objet de la visite
du colonel à Bordj était pour moi chose complétement
ignorée.

Pendant le déjeuner, fort silencieux du reste, le
bach-agha, bien que servi à la française, mangea de
bon appétit, et, par la bouche du capitaine Olivier, dit
au colonel qu'il désirait l'avoir à dîner le soir.

Le colonel lui fit répondre qu'il acceptait volontiers
son invitation, mais à la condition que le repas serait
servi avec toute la simplicité arabe.

Le soir, nous étions réunis au bureau arabe. J'étais
placé à la gauche du bach-agha, et il fut pour moi,
pendant le dîner, d'une exquise politesse, bien qu'il ne
parlât notre langue que très-imparfaitement. Rien ne

laissait à désirer comme service : argenterie, beau linge, donnaient à la table l'aspect d'une table française.

Le repas fut très-long, très-varié, composé exclusivement de mets arabes.

D'un côté, du vin de Bordeaux ; de l'autre, du lait et de l'eau. Le bach-agha ne buvait point de vin.

El-Mokrani est un beau type, d'une physionomie fine et distinguée ; sa main est d'une beauté aristocratique. Ce n'est pas sans quelque étonnement que je vis qu'il n'avait point ce soir-là cette décoration de commandeur qu'il était si fier de porter autrefois en semblables circonstances.

Le lendemain, le colonel passa en revue les deux compagnies du 43ᵉ mobiles (Bouches-du-Rhône), qui formaient la garnison, invitant les deux capitaines à avoir plus d'union et à mieux s'entendre dans le commandement. Il visita la kasbah, l'ambulance, reçut les réclamations des colons et des indigènes, et travailla très-longuement au bureau arabe avec le commandant du cercle.

Cependant, dans la journée, arrivés de tous les points de l'immense plaine de la Medjana, les cavaliers arabes étaient venus camper au pied même du fort, et leur nombre s'élevait déjà à sept ou huit cents.

Un spahi, me prenant à part, me les fit remarquer, et il semblait effrayé. Ah bah ! lui dis-je, seraient-ils

deux fois plus, qu'avons-nous à craindre de ces gens-là ?
N'avons-nous pas de bons chassepots ? et pourquoi,
d'ailleurs, nous attaqueraient-ils ? Ne sont-ce point nos
amis ? »

Le spahis en savait plus long que moi.

En effet, ce n'est que longtemps après que j'appris
que le bach-agha, craignant d'être arrêté par ordre du
colonel, avait fait cerner Bordj par des goums dissi-
mulés derrière les mamelons voisins, et qu'au premier
signal ces cavaliers devaient tomber à l'improviste sur
les Français et délivrer leur chef.

Le 4 février, le colonel me fit prévenir de faire monter mes hussards à cheval ; nous allions déjeuner à environ quinze kilomètres de Bordj-bou-Arréridj, à la smala
de Ser'ir-ben-bou-Rennan, cousin du bach-agha. Nous
partîmes vers huit heures. Le bach-agha avec tous ses
cavaliers fut prêt à accompagner le colonel.

Son goum était magnifique ; ses cavaliers avaient de
superbes chevaux, et étaient armés de fusils de chasse
tout neufs. J'ignorais tout ce qui s'était passé entre le
colonel et Mokrani, mais ce qui ne m'échappa point,
c'est ce sans-façon avec lequel il traitait un colonel français, moi qui connaissais l'Arabe, quel que soit son rang,
si plein de respect pour le sabre et l'épaulette. Il de-
vança le colonel, commanda le trot à ses hommes, auxquels il avait fait prendre la tête de la colonne, en

ayant soin toutefois d'en entourer mon peloton sur les flancs et en queue. En vain, le brave Ben-Zeïdan, cet homme si dévoué à la France, lui dit : « Tu as tort d'agir ainsi ; le colonel vient à toi avec vingt-quatre hommes et tu t'entoures de sept à huit cents cavaliers, sans compter ceux que mon œil voit sur les mamelons les plus éloignés ; tu fais prendre le trot à la colonne et tu marches en avant du colonel. Ne sois point si fier, tu t'en repentiras un jour. Tu as écouté de mauvais conseillers. »

Il n'écouta rien, et on quitta la grand'route, pour s'engager dans la gorge qui conduit à la maison du caïd.

L'attention du colonel se portait sur ces cavaliers, car pas plus que les officiers du bureau arabe, il n'était bien rassuré sur les intentions du bach-agha. Quant aux hussards et à moi, ignorants du danger, nous galopions avec insouciance au milieu de ces cavaliers arabes.

La diffa fut somptueuse ; elle se passa en silence. Quand nous nous séparâmes, le bach-agha et son goum, ainsi que les officiers du bureau arabe, rétrogradèrent sur Bordj, tandis que nous nous dirigions sur Sidi-Embarek, pour aller de là coucher à Aïn-Tagroutt.

En arrivant sur la grande route, le colonel manifesta tout haut sa satisfaction d'être débarrassé de l'es-

corte de ce goum, et chacun partageait le même sentiment.

Lorsque nous dînions le soir, plusieurs chefs vinrent
parler au colonel.

L'un d'eux, cousin et rival du bach-agha, bien connu
par sa trahison dans la dernière insurrection, Ben-Abd-
Es-Selem, fut retenu à dîner par le colonel. Il lui dit
que le pays était prêt à s'insurger à la voix de El-Mokrani,
mais qu'il exécrait son cousin, qu'il était avant tout
l'ami de la France, et que si le colonel voulait lui donner
des cartouches et lui permettre de réunir ses contingents, il répondait du pays et nous livrerait le bach-agha
pieds et poings liés.

Le colonel s'entretint quelque temps avec M. Meyer.

Le lendemain nous regagnions Sétif.

La révolte était certaine, imminente. La moindre
imprudence, une parole un peu dure, pouvaient, je le
crois, entraîner pour nous de graves conséquences.

J'ai l'honneur d'être,

Mon Commandant,

Votre tout dévoué subordonné,

A. DUPORT-DUTERTRE,

Sous-lieutenant au 8e régiment de hussards.

II

Dra-el-Caïd, 20 juin 1871.

Mon Commandant,

J'ai l'honneur, conformément à votre désir, de vous adresser le compte rendu de ceux des événements, relatifs à l'insurrection algérienne, dans lesquels j'ai joué un rôle, si modeste et si secondaire qu'il soit, pendant la période du commandement que vous avez exercé à Bordj-bou-Arréridj.

Lorsque la défense de la place vous fut confiée, je me trouvais détaché à Tazmalt, où je remplissais les fonctions de chef de poste, comme officier des affaires arabes ; j'avais avec moi quatre spahis, mon ordonnance (un Français), et j'étais séparé de Bordj par huit heures de marche.

L'attitude des indigènes que j'étais chargé d'administrer me paraissant chaque jour plus menaçante, et mes rapports officiels constatant ce fait d'une manière incontestable, je reçus l'ordre formel de me replier sur Bordj-bou-Arréridj.

J'usai de ruse vis-à-vis des indigènes, en cherchant

à leur faire croire que j'allais vous demander un renfort de cinquante hommes, afin de faire rentrer dans le devoir quelques meneurs qui poussaient leurs frères au désordre et à l'insubordination.

Je n'avais pour m'accompagner que trois spahis, car j'avais reçu l'ordre d'en laisser un à Tazmalt, et Hamimi m'avait courageusement demandé de lui confier la garde de ce petit bordj.

Arrivé en vue de la Medjana, trois cavaliers indigènes se dirigèrent à fond de train sur moi, en faisant la fantasia : je dis à mes trois spahis de s'arrêter, de faire face à ces cavaliers, de charger leurs fusils et d'attendre.

Quand les cavaliers qui marchaient sur nous furent à portée de la voix, j'entendis Si-Lakhdar-ben-Abderrahman, cousin du bach-agha, me dire : « Eh quoi ! seigneur capitaine, tu ne me reconnais pas ? Je suis Si-Lakhdar ! Comment te portes-tu ? » Je m'avançai vers lui, et, bien que conservant une certaine inquiétude sur ses intentions, j'exprimai le plaisir que j'avais de le rencontrer.

Après avoir échangé quelques compliments, il m'avertit que le bach-agha l'avait envoyé au-devant de moi, pour me prier de venir lui parler, qu'il avait des choses graves à me dire, et que par suite il me fallait quitter le chemin de Bordj.

Je crus tout d'abord à un guet-apens ; mais la distance qui me séparait de Bordj était trop considérable et ma confiance dans mes spahis trop faible, pour qu'une résistance à main armée pût m'offrir la moindre chance de succès. Je suivis donc Si-Lakhdar, qui dès ce moment marchait à mes côtés et me servait de guide ; c'était un beau et brillant cavalier ; il montait un de ces chevaux comme nous n'en voyons qu'aux jours où les Arabes nous combattent, un de ces coursiers ardents et gracieux à la fois, dont on n'a aucune idée en France. Si-Lakhdar et ses deux deïras (cavaliers de caïds) étaient armés de pied en cap : la figure surexcitée, l'œil brillant et la tête haute, ils semblaient chercher dans l'air l'odeur de la poudre.

Notre conversation roula sur les choses les plus insignifiantes, et je me trouvai, après une demi-heure de marche à travers champs, vis-à-vis du bach-agha. Une trentaine de cavaliers admirablement montés et équipés lui servaient d'escorte.

Je m'approchai et lui tendis la main, affectant le plus grand calme, mais me demandant si j'étais libre ou prisonnier. A coup sûr, je n'étais plus le maître de la situation ; aussi m'abandonnai-je complétement dès lors à ma bonne étoile.

Le bach-agha ne me retint pas longtemps ; il me parla à peu près en ces termes : « Je suis heureux de te voir, et

« je te remercie d'avoir bien voulu quitter ta route pour
« venir vers moi. J'aurais été te trouver si je l'avais
« pu, mais j'étais occupé, et cela m'a été impossible. Les
« Français me regardent aujourd'hui comme un traître,
« un rebelle, et ils se trompent. Pourquoi font-ils
« des tranchées et des barricades autour de la ville ?
« Je considère ces mesures comme un manque de con-
« fiance en moi, et cela me froisse cruellement ! Ils ont
« tort d'agir ainsi, car le jour où je le voudrai, je
« prendrai la ville en dépit de leurs travaux. Tu rentres
« à Bordj, eh bien, dis-leur que moi, le grand bach-
« agha, je suis si peu un rebelle, que je viens de re-
« chercher et de trouver *moi-même* un troupeau de
« cent cinquante moutons qui avait été volé à M. Cormi,
« et que, une heure après ton entrée à Bordj, je l'y
« ferai conduire par mes cavaliers. Salut, et si tu vois
« le seigneur capitaine Olivier, donne-lui le salut de ma
« part. »

Je repris alors, au pas, le chemin de Bordj, après
avoir échangé les saluts d'usage, et à un kilomètre environ de la ville, je partis au galop, craignant qu'un
parti ennemi ne vînt chercher à m'enlever.

Vous vous souvenez, mon commandant, que le bruit
avait couru à Bordj que j'avais été assassiné, et ce que
je n'oublierai jamais, c'est la joie que j'ai éprouvée de
me retrouver au milieu de mes camarades, avec lesquels

je savais que j'allais avoir à soutenir une lutte gigantesque, au point de vue des puissants moyens d'attaque dont disposait le bach-agha, d'une part, et des faibles ressources mises à votre disposition pour la défense, d'autre part.

Quelques jours après mon retour, le bach-agha écrivit au capitaine Olivier, pour lui demander une entrevue, en dehors de la ville : il avait, disait-il, les communications les plus sérieuses à lui faire. Le capitaine Olivier, sous les ordres duquel je me trouvais placé au point de vue administratif, me fit appeler et me fit part de cette lettre, me demandant ce que j'en pensais. Je l'engageai à accepter ce rendez-vous, mais sous deux conditions : la première était qu'à votre agrément fût joint celui du commissaire civil, la seconde était qu'il n'irait pas seul et que je l'accompagnerais. Le capitaine Olivier, dont les nobles sentiments et dont la bravoure téméraire ont fait, pendant toute cette campagne, l'admiration de tous les officiers, et en particulier celle du général Saussier qui nous commandait, me remercia et approuva mes conseils.

Le lendemain, à sept heures du matin, nous partîmes, accompagnés de deux spahis. Chacun de nous avait son sabre et son revolver.

Le rendez-vous avait été choisi sur une montagne assez élevée, espèce de butte située à quatre kilomètres au sud sur la route de Bou-Saada. De Bordj, on pouvait nous apercevoir.

A peine étions-nous arrivés au sommet que le bach-agha, escorté de cinq ou six cavaliers, vint nous rejoindre.

Nous mîmes tous pied à terre, et après avoir échangé quelques compliments, le bach-agha nous entraîna d'un côté pendant que son escorte et nos deux spahis se dirigeaient du côté opposé.

Le soleil se levait radieux, comme s'il eût voulu donner plus de solennité à cette entrevue, qui devait, par ses conséquences, décider du sort d'une des plus grandes familles indigènes, et qui était pour la race musulmane le prélude d'un grand triomphe ou d'un désastre sans espoir.

Le bach-agha, calme et souriant, nous reçut ce jour-là avec une affabilité plus grande encore que d'habitude. La distinction de ses manières, son accueil plein de noblesse, en faisaient un type accompli de grand seigneur : et maintenant qu'il a payé de sa vie le regrettable entraînement qui l'a poussé à la révolte, permettez, mon Commandant, à un homme qui doit lá vie à sa loyauté et à la générosité de son caractère, de dire ces quelques mots à son éloge.

Nous étions donc assis à la mode arabe, lorsque deux coups de feu retentissent. Je glissai aussitôt ma main sous mon caban, et je saisis mon revolver sans laisser voir toutefois la moindre inquiétude. Le capitaine Olivier en fit autant, je crois, mais sans la moindre émotion, je l'affirme. Le bach-agha, avec la finesse admirable dont il était doué, nous dit alors : « Ce n'est rien ; c'est un signal pour que l'on veille sur nous. J'ai confiance en vous, mais vous n'êtes pas seuls à Bordj. » Puis, faisant un signe à ses cavaliers, ceux-ci vinrent déposer leurs armes près de nous, et s'en retournèrent ensuite à l'extrémité opposée du mamelon.

Cette délicatesse de sentiments me fit éprouver une émotion profonde, et je repoussais presque, à ce moment, l'idée que le bach-agha devait se mettre à la tête de l'insurrection.

C'est alors que, prenant la parole, il nous parla en ces termes :

« Je vous ai priés de venir me trouver parce que je
« ne pouvais aller à vous ; les civils (lisez *mercantils*, sic)
« m'assassineraient si j'entrais dans la ville, et vous
« seriez impuissants à me protéger, car vous n'avez
« plus d'autorité. J'ai envoyé ma démission de bach-
« agha ; je ne veux plus servir la France, et bien que
« je ne veuille pas me révolter contre vous, je me ferai
« jour les armes à la main, pour me retirer paisiblement,
« dans le cas où ma démission serait refusée ; car pour
« moi ce refus serait une condamnation à mort, et *ils*
« n'auront pas ma tête. Comment voulez-vous que je

« serve votre gouvernement ? Je ne veux pas accepter
« votre République, car depuis qu'elle a été proclamée
« je vois des choses monstrueuses. Eh quoi ! toi, capi-
« taine Olivier, tu étais commandant supérieur, et voilà
« qu'on envoie à Bordj un commandant pour diriger les
« troupes ; on froisse ton amour-propre déjà par ce
« fait, mais ce n'est pas assez de t'enlever un comman-
« dement, on t'envoie un commissaire civil pour sur-
« veiller tes actes administratifs ! J'étais habitué à
« t'obéir, à écouter tes sages conseils, et aujourd'hui à
« qui dois-je m'adresser, à toi, au commandant, ou au
« commissaire civil ? En vérité, je n'y comprends rien ;
« on insulte nos généraux devant lesquels nous étions
« tous soumis et respectueux comme des serviteurs,
« on les remplace par des *mercantils,* par des juifs, et
« on pense que nous supporterons cela ! Jamais je n'y
« consentirai pour ma part, et voilà pourquoi je donne
« ma démission. Je ne sais si je vous reverrai d'ici long-
« temps. Adieu, et salut ; que Dieu vous protége ! »

Le capitaine Olivier chercha alors à ramener le bach-
agha à des sentiments plus conciliants, et à lui faire
entrevoir la ruine de sa famille s'il quittait le pays pour
se réfugier en Tunisie ; il s'efforça de lui faire comprendre qu'un changement de gouvernement était toujours suivi de désordre, mais que peu à peu tout se
réorganiserait, et que justice serait rendue à chacun.

Le bach-agha nous répondit : « Le jour où vous serez
« gouvernés par un prince, j'irai moi-même lui livrer
« ma tête et me mettre à sa disposition, mais je ne veux
« servir ni les juifs ni les *mercantils*. »

Nous échangeâmes alors une poignée de main, que
chacun de nous considéra comme un adieu suprême ;
et à notre retour à Bordj, le capitaine Olivier vous in-
forma verbalement de ce qui s'était passé.

Tels sont les faits, mon Commandant ; et s'il m'est permis d'exprimer franchement mon opinion, je dirai que
le bach-agha de la Medjana a été entraîné dans la révolte
par son frère Bou-Mezrag et son cousin Si-Lakhdar-
ben-Abderrahman, bien plus coupables que lui.

La haute intelligence du bach-agha ne permet pas
le moindre doute à cet égard ; il connaissait trop les
ressources fécondes de la France, pour avoir pu croire
sérieusement que l'heure de la délivrance avait sonné
pour les musulmans ; et il n'a fait que suivre généreu-
sement sa famille dans l'abîme où il la voyait se précipiter follement.

Veuillez agréer, mon Commandant, l'expression des
sentiments profondément respectueux avec lesquels j'ai
l'honneur d'être

Votre très-obéissant serviteur,

E. DUVAL.

Capitaine au 6ᵉ chasseurs, ex-chef du poste de Tazmalt.

III

RAPPORT OFFICIEL.

DÉFENSE DE BORDJ-BOU-ARRÉRIDJ.

Extrait du *Moniteur de l'Algérie*, 10-11 avril 1871.

Ce rapport, d'après tous les renseignements que le colonel Bonvalet a pu recueillir, est rédigé avec une grande modestie, car la conduite des défenseurs du Bordj fait l'admiration de tous ceux qui ont pu constater, sur place, combien l'attaque était acharnée et combien étaient faibles les moyens de défense. C'est à la bravoure et au sang-froid du commandant Du Cheyron que revient le principal honneur dans cette lutte acharnée.

« Bordj-bou-Arréridj, le 28 mars 1871.

« Mon Colonel,

« J'ai l'honneur de vous rendre compte des faits militaires dont Bordj-bou-Arréridj a été le théâtre, du 27 février au 26 mars.

« En me donnant l'ordre d'aller à Bordj prendre le commandement des troupes chargées de le défendre, vous me donniez la mission de conserver la ville autant que je le pourrais, et si cette défense devenait impossible, de me retirer dans le fort avec les habitants, et, là, de résister et d'attendre.

« Dès mon arrivée, j'apportais les modifications suivantes aux projets de défense faits précédemment. J'abandonnais les postes détachés pour faire rentrer toutes les troupes dans l'intérieur de la ville.

« La ville de Bordj, complétement ouverte de tous côtés et mal délimitée, affecte une forme elliptique dont le bureau arabe et le fort sont les deux extrémités du grand axe, le premier de ces points dominant le second de près de vingt mètres ; la superficie de la ville est de neuf hectares, sans compter le fort, et je n'avais que trois cent cinquante fusils.

« La partie nord, qui fait face à la fontaine romaine, est mieux bâtie que le reste de la ville et n'a devant elle aucune maison isolée ; chaque extrémité de rue, coupée par un large fossé et une barricade, était ainsi susceptible d'être défendue facilement contre une attaque de vive force ; quant à la partie sud, elle se trouvait limitée extérieurement par les murs de cours intérieures, allant toutes de la route de Constantine à Alger à la place principale. Ce côté était évidemment le point faible, parce que plusieurs maisons isolées pouvaient donner abri à l'assaillant et le rapprochaient ainsi sans être vu des cours dont il vient d'être parlé ; les deux rues parallèles qui conduisent de la place principale de la ville au marché arabe avaient été coupées également, à leurs extrémités, par des tranchées et des barricades ; mais la route d'Alger, sur laquelle ces barricades étaient appuyées, n'était enfilée par aucune ligne de feu.

« Pendant les trois jours qui ont précédé la journée du jeudi 16 mars, les goums paraissaient de plus en plus nombreux autour de la ville ; les maraudeurs mettaient le feu à des meules de paille, à des maisons de colons, et se livraient à toutes sortes d'actes de brigandage. Dans la nuit du mardi au mercredi, plusieurs coups de feu, partis dans la direction de la fontaine romaine, semaient une grande inquiétude dans la ville et annonçaient une véritable insurrection ; toute incertitude avait cessé, du reste, le mercredi matin, car le bach-agha, en refusant les appointements qui lui étaient envoyés, déclarait avoir donné sa démission, ne voulait être rendu responsable en rien de ce qui pouvait arriver, refusait de reconnaître le gouvernement civil, et terminait ainsi sa lettre : « Que chacun aujourd'hui prenne son fusil... »

« Le jeudi matin, le goum du bach-agha se présentait dans la direction de la Medjana, son habitation, se rapprochant de la ville ; les cris des femmes, les fantassins se réunissant de tous côtés en ordre de bataille, indiquaient que l'action allait commencer.

« Vers neuf heures, tous les hommes de pied, descendant vers le nord de la ville, se glissaient le long des fossés et des canaux d'irrigation, afin de nous entourer par l'ouest, en même temps que par le sud les goums d'El-Anasser venaient occuper le bordj du commandant supérieur et se fortifiaient dans cette position importante qui, à raison de son éloignement de trois cents mètres de la ville, n'avait pu être comprise dans le rayon de la défense. De nombreux coups de fusil, parmi lesquels on distinguait fort bien les balles de chassepot des spahis qui avaient déserté la veille, étaient tirés sur les barricades les plus rapprochées et sur le bureau arabe. Cette fusillade, à laquelle j'avais défendu de répondre à grande distance, dura ainsi jusqu'à midi ; à cette heure, plusieurs membres de la famille des Ouled-Mokran, précédés de leur porte-fanion, Ahmed-ben-Makhlouf, donnèrent le signal de l'attaque, en se portant au galop vers la ville du côté du marché arabe, et passant sous notre feu.

« Les fantassins, qui les suivaient en rampant dans les fossés, s'établirent alors dans les maisons isolées qui étaient en dehors de la ligne que la défense s'était réservée. Plusieurs même s'introduisirent dans une cour intérieure et menaçaient de prendre à dos une des barricades ; sans une petite réserve que j'avais sous la main et avec laquelle j'ai pu rétablir la situation, la ville était envahie.

« A partir de trois heures, les coups de feu cessèrent presque complétement, sans que pour cela les assaillants restassent inactifs : ils pénétraient, en effet, dans toutes les maisons extérieures, et se rapprochaient à dix mètres d'une de nos barricades.

« A sept heures, je réunissais les officiers placés sous mes ordres, et, tout en insistant sur la nécessité de défendre la ville jusqu'à la limite de nos forces, je dus leur faire entrevoir l'éventualité d'une retraite et leur indiquer les moyens de l'opérer en bon ordre sur le fort. Chaque officier retourna à son poste, prêt à tout événement, et conservant pour lui seul la grave communication qu'il venait de recevoir. Le travail d'approche de l'ennemi reprit avec une nouvelle intensité ; ses efforts ne tardèrent pas à se porter contre une maison à gauche d'une tranchée du côté sud. Cependant je parvins à raffermir, à ce poste menacé, les défenseurs inquiets en y plaçant le faible renfort dont je pouvais disposer : mais l'ennemi, repoussé sur ce point, se porta avec fureur à droite de la tranchée, et parvint à envahir une cour de maison donnant accès au cœur même de la ville.

« La situation me parut alors irrémédiablement compromise, et voulant avant tout sauver la vie des troupes et des miliciens dont les familles étaient dès le matin rentrées dans le fort, je me décidai, à onze heures du soir, à faire sonner la retraite.

« En quelques minutes, un nombre considérable d'Arabes envahissaient la ville en même temps que je fermais et que je barricadais la porte du fort derrière le dernier des défenseurs.

« L'incendie s'alluma aussitôt, et un horrible pillage commença. A la lueur des flammes, les créneaux du fort atteignirent à coup sûr les pillards, et les rues qui y conduisent furent jonchées de leurs morts.

« Le vendredi matin, des tireurs ennemis placés sur le faîte de deux maisons dominant le fort, ainsi qu'au bureau arabe, rendaient impraticable le service des bastions et la circulation dans l'intérieur.

« Au moyen de planches et de caisses à biscuit superposées, je garantis alors les hommes placés aux créneaux, et j'essayai en vain la démolition de ces maisons au moyen de projectiles grossièrement faits.

« Le samedi, dans la journée, le capitaine administrateur du district, qui connaissait de longue date le bach-agha et se croyait assuré de remplir une mission utile, répondit à la demande qui lui était faite de parlementer, en allant en personne trouver le bach-agha. Il en revenait une demi-heure après en me transmettant la proposition suivante : les trois cents hommes comprenant la garnison, les miliciens et leurs familles seraient conduits à Sétif, par les soins du bach-agha. Avec les mœurs arabes, avec une armée aussi irrégulière et aussi peu dans la main de son chef que celle que j'avais à combattre, accepter eût été vouer tout le monde au massacre; ce n'était pas d'ailleurs dans les instructions que j'avais reçues.

« J'allais répondre négativement, lorsque je fus entouré par une nuée d'Arabes, les uns voulant attaquer, les autres acceptant l'ordre qui leur était donné de suspendre le feu comme moi, pendant que Mohammed-ben-Kouider, cousin du bach-agha, attendait une réponse. Mes ordres étaient formels; les deux seuls créneaux des flancs des bastions devaient tirer contre tout Arabe qui arriverait au pied du mur des courtines.

« L'attaque ne se fit pas attendre, et à la porte du fort aussi bien qu'au saillant d'un bastion, cent cinquante Arabes environ, munis de pioches et armés, étaient couchés par terre par nos balles; pas un d'eux n'a été tué à plus d'un mètre du mur. Après un tir aussi précis, les assaillants semblèrent dégoûtés de leur attaque; le feu cessa jusqu'à la fin du jour, les hommes placés sur les toits continuant seuls à nous inquiéter.

« Les jours suivants, jusqu'au mardi 21, la ville semblait se vider; les défenseurs, malgré un service pénible, pendant la nuit surtout, pour éviter une sur-

15.

prise, pouvaient résister un mois environ, rationnés comme ils l'étaient à soixante-quinze centilitres d'eau par jour ; mais le mardi 21, une préoccupation sérieuse s'est présentée à moi : je m'aperçus que de deux côtés à la fois j'étais menacé par une galerie de mine. La première était dirigée sur le saillant du bastion qui renfermait la poudrière, et avait une longueur de vingt-cinq mètres ; l'autre était dirigée contre un des côtés de la porte et devait aboutir aux caves placées sous les petits bâtiments qui l'avoisinent ; cette dernière galerie n'avait que dix mètres environ et marchait très-vite dans une terre meuble. Afin de parer au premier danger, je faisais creuser intérieurement le pied du bastion pour empêcher l'effet de la mine, et je faisais construire une retraite intérieure, dans le cas où l'angle du bastion m'eût été enlevé. Afin de paralyser l'effet de la seconde mine, je faisais creuser également à l'intérieur jusqu'aux fondations.

« Le samedi, dans la journée, les mineurs ennemis étaient arrivés au pied du mur, et on les entendait distinctement, à moins d'un mètre de distance, démolir le pied des fondations.

« J'ignorais encore quel était leur but ; les hommes qui entreprenaient ainsi une attaque dont les guerres précédentes en Afrique n'avaient pas donné d'exemple, étaient d'anciens ouvriers de nos chantiers qui avaient appris à notre école à faire usage des pics à roc, des barres à mine, etc., dont se servent les Européens.

« Le travail que j'entreprenais contre eux précipita leur mouvement, car, à cinq heures du soir, le feu était mis par eux à un tonneau de poudre, et n'avait d'autre résultat que de souffler leur cheminement, sans endommager en rien le pied de nos murs. Toute préoccupation de notre part cessa dès ce moment.

« Après leur insuccès, nous vîmes une grande quantité de Kabyles quitter la ville dans toutes les directions.

« La nuit du samedi au dimanche fut absolument tranquille; pas un bruit ne s'entendit, pas un coup de fusil ne fut tiré.

Le dimanche matin, 26 mars, trois coups de canon se faisaient entendre, annonçant l'arrivée de la colonne de Sétif, et à midi je vous recevais, mon colonel, sur la porte du fort que je défendais depuis douze jours.

« Je ne saurais trop m'applaudir du dévouement et de l'entrain de tous. Les miliciens qui défendaient leurs familles ont pris une part active à la défense : des hommes spéciaux, sous le rapport des travaux d'art, ne se sont rebutés devant aucun obstacle et devant aucun travail fatigant, malgré une nourriture insuffisante, le manque de vin et une petite quantité d'eau. Les jeunes troupes du 43ᵉ mobiles se formaient d'heure en heure à un métier difficile, voyaient s'affermir leur confiance dans les chefs qui les commandaient, en étant déterminés d'ailleurs à lutter à outrance.

Les pertes de l'ennemi, tant dans la première journée que le jour de l'attaque du fort, sont considérables, et ne peuvent être évaluées à moins de six cents hommes tués ou blessés.

« Quant aux nôtres, elles sont de sept tués et vingt-cinq blessés.

« J'ai l'honneur d'être, etc.

« A. DU CHEYRON,

« *Chef d'escadrons au 8ᵉ régiment de hussards.*

« *P. S.* — Je ne vous parle pas, mon Colonel, de cette sorte de chariot blindé que vous avez rencontré à votre arrivée, en dehors de la ville ; je ne connaissais pas cette informe machine de guerre, qui était destinée à conduire jusqu'au pied du mur les hommes qui voudraient tenter de l'escalader. »

TABLE DES MATIÈRES

Pages.

I. Ordre. — De Sétif à Bordj-bou-Arréridj   3

II. Importance stratégique et description de la ville. —
Préparatifs de défense.—Causes de l'insurrection.—
Le bach-agha de la Medjana.—Déclaration de guerre
de ce chef arabe. — Troupes composant la garnison
de Bordj.   9

III. Attaque de la ville. — Retraite sur le fort. . . .   38

IV. Incendie et pillage. — Attaque acharnée et assaut
du fort. — Arrivée de la colonne Bonvalet   51

V. Organisation de la colonne expéditionnaire de la
Kabylie orientale. — Arrivée du général Saussier.—
Opérations militaires autour de Bordj-Medjana. —
Défection d'Abd-es-Sellem.— Retraite de la colonne
Saussier sur les environs de Sétif   85

VI. Bordj-bou-Arréridj reste bloqué. — Reconnais-
sance des contingents ennemis sur cette position.—
Travaux en cas de nouvelle attaque.— Espion. —
Ravitaillement du fort   99

VII. Isolement de Bordj-bou-Arréridj   115

VIII. Ravitaillement du fort par la colonne Bonvalet.   146

IX. Résumé des opérations militaires dans la province
d'Alger   152

X. Caractères de l'insurrection en Kabylie.—Bougie.   160

XI. Situation de la province de Constantine. — Souk-Aras. — El-Milia. — Batna. — Tuggurt. — Opérations de la colonne Saussier en Kabylie 168

XII. Sétif. — Le colonel Bonvalet. 176

XIII. Insurrection des Rir'a. — Opérations de la colonne Bonvalet dans la banlieue de Sétif. — Ravitaillement du fort de Bordj 180

XIV. Isolement de Bordj-bou-Arréridj. 191

XV. Souvenirs d'un voyage à Bou-Saada. — Itinéraire : Medjès, Msila, le Hodna. — Les Ouled-Naïls. — Le mirage 195

XVI. Isolement de Bordj-bou-Arréridj. — Ravitaillement du fort par la colonne Bonvalet 205

XVII. Retour à Sétif. — Rentrée des compagnies de mobiles. — Kaser-tair. — Takitount. 214

XVIII. Opérations militaires en Kabylie. — Ravitaillement de Bou-Saada 222

XIX. L'insurrection touche à sa fin. — Le général de Lacroix. 231

Conclusion 233

APPENDICES.

Lettre de M. le sous-lieutenant Duport-Dutertre . . . 239
Lettre de M. le capitaine Duval 245
Rapport officiel. 255

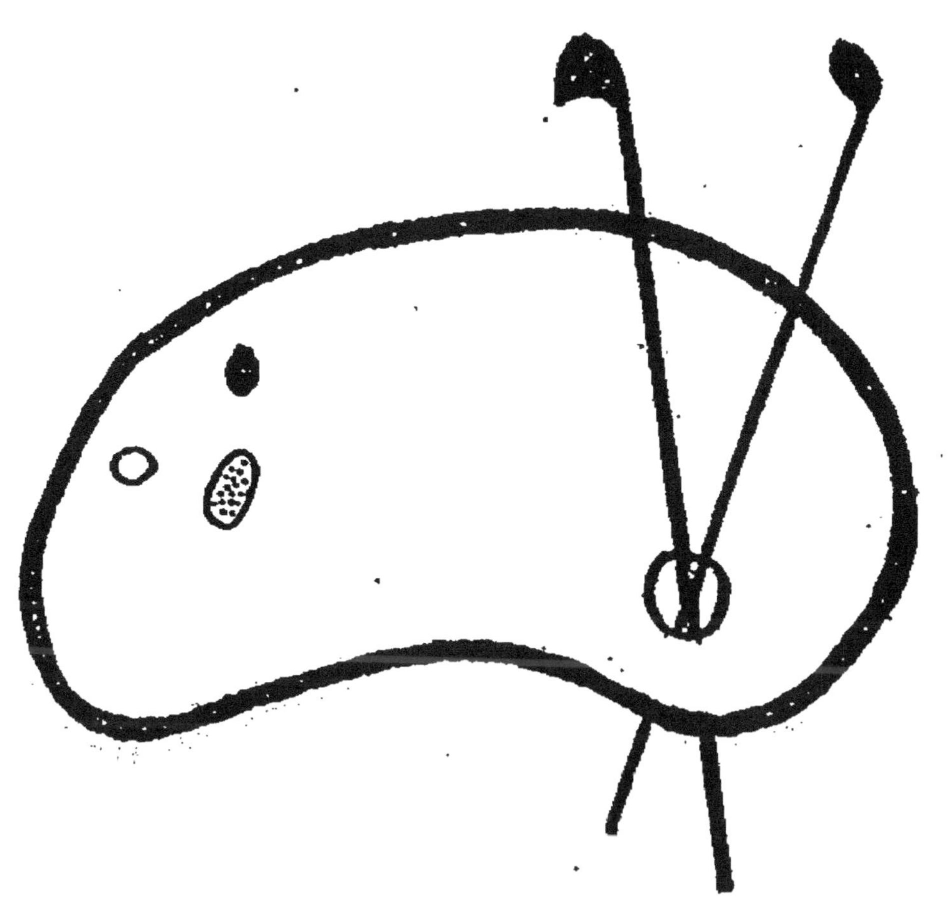

ORIGINAL EN COULEUR
NF Z 43-120-8

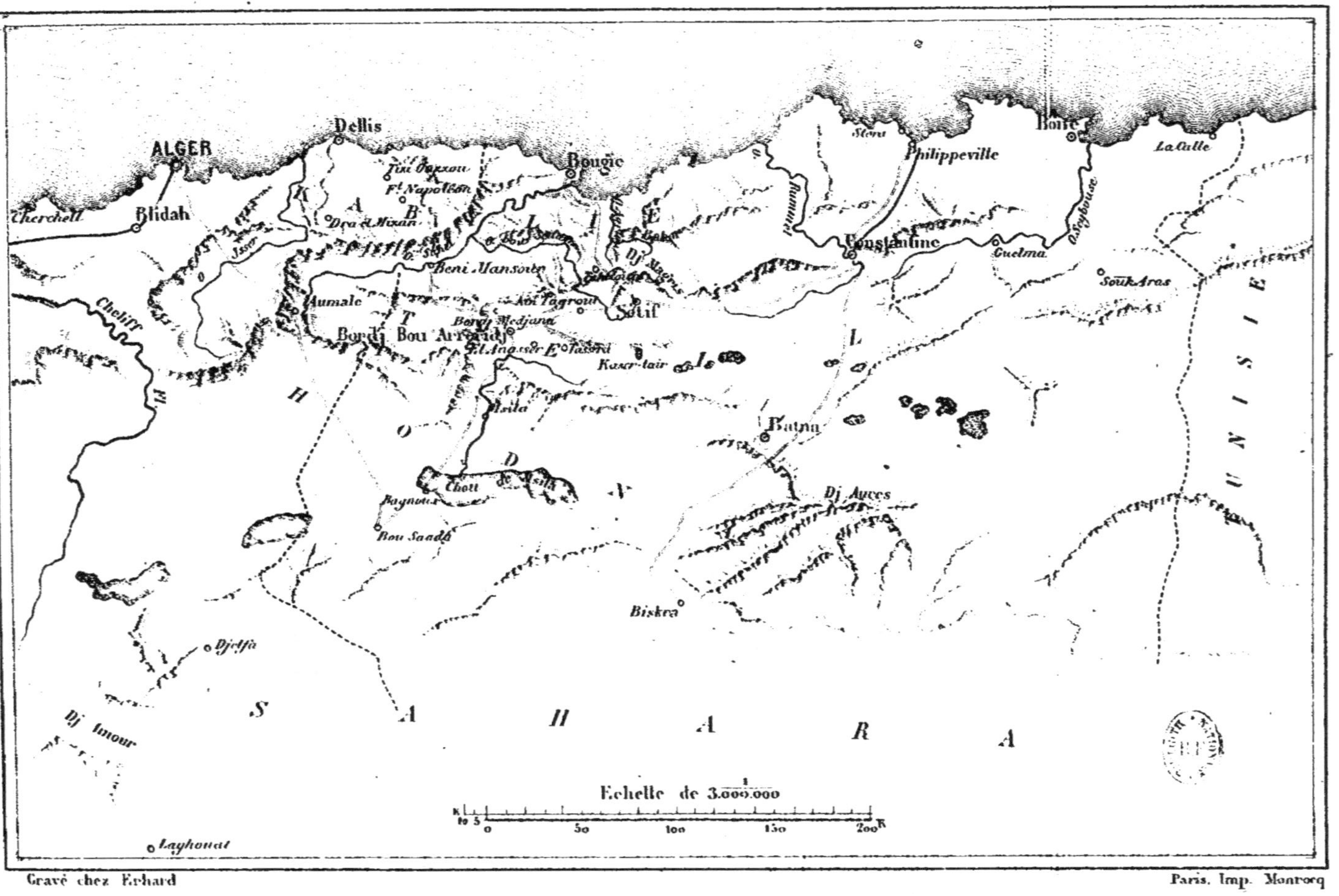

ALGER
Dellis
Boñe
Cherchell
Blidah
Tizi Ouzou
Ft Napoléon
Bougie
Stora
Philippeville
La Calle
Dra el Mizan
Isser
Beni Mansour
Dj. Magris
Constantine
Guelma
O. Seybouse
Souk Aras
Aumale
Aït Yagrout
Sétif
Bordj Medjana
Bordj Bou Arreridj
Ft Ang. ou E. Taï-ou
Kesar-tair
Batna
Asila
Chott de Asila
Dj. Auces
Bagnous
Bou Saada
Biskra
Djelfa
Dj. Amour
Laghouat
Echelle de 3.000.000
K 10 5 0   50   100   150   200 K
S   A   H   A   R   A
H   O   D   N   A
TUNISIE
Gravé chez Erhard
Paris. Imp. Monrocq

CATALOGUE

DES PUBLICATIONS

DE LA RÉUNION DES OFFICIERS

ENTRETIENS MILITAIRES.

1. **L'Armée prussienne,** par M. Lahaussois, sous-intendant militaire. Paris, Dumaine. . . . . 60 c.

2. **Hygiène militaire,** par le docteur Jules Arnould, médecin-major de 1ʳᵉ classe. Paris, Dumaine. . 60 c.

3. **Des tirailleurs, de leur instruction, de leur emploi,** par M. Herbinger, capitaine adjudant-major au 104ᵉ régiment, Paris. Dumaine . . . . . 60 c.

4. **Principes rationnels de la marche des impedimenta dans les grandes armées,** par M. Anatole Baratier, sous-intendant militaire. Paris, Dumaine. . . . . 1 fr.

5. **De l'administration militaire,** par M. Lewal, colonel d'état-major. Paris, Dumaine. . . . . 1 fr.

6. **De l'administration militaire et du fonctionnement des services administratifs.—** Réponse à M. le colonel Lewal, par M. Anatole Baratier, sous-intendant militaire. Paris, Dumaine. . . . . 1 fr.

7. **De l'aérostation militaire,** par M. Delambre, capitaine du génie. . . . . 75 c.

8. **De la photographie et de ses applications aux besoins de l'armée,** par M. Dumas, capitaine d'état-major, chef du service photographique au ministère de la guerre . . . . 75 c.

9. **Instruction de l'infanterie, préparation au service de guerre,** par M. Percin, capitaine du génie. . . . . 75 c.

10. **De l'emploi militaire des chemins de fer,** par M. Delambre, capitaine du génie. . . 75 c.

11. **De l'enseignement de la géographie,** par M. Bourboulon, chef de bataillon au 22e de ligne. 75 c.

12. **Création de manutentions roulantes,** pour les quartiers généraux et les divisions en campagne, par M. Baratier, sous-intendant militaire. Paris, Tanera . . . . 1 fr.

13. **Du service des états-majors,** par M. Derrécagaix, capitaine d'état-major. Paris, Tanera.

14. **Des soutiens d'artillerie,** par M. Herbinger, capitaine au 101e de ligne. Paris, Tanera. . . . . . 75 c.

15. **De la tactique de combat et de l'emploi des tirailleurs,** par M. Sacreste, lieutenant au 90e. Paris, Tanera. . . . . 75 c.

16. **Les nouvelles bouches à feu de la marine française,** par M. Sebert, capitaine d'artillerie de marine. Paris, Tanera. . . . . 1 fr. 50

17. **Du matériel et de la tactique de l'artillerie de campagne, à propos des manœuvres d'automne de l'armée anglaise en 1872,** par M. de Grandry, chef d'escadron d'artillerie. Paris, Tanera. . . . . 50 c.

18. Des spécialités dans l'infanterie, par M. Issalène, capitaine au 67e. Paris, Tanera. . . . . 1 fr.

Sous presse :

1. **La Cochinchine française,** par le lieutenant-colonel de Bovet.

2. **Sur la convention de Genève,** par le docteur Arnoult.

3. **De l'alcool considéré comme source de force, et du parti que l'on peut en tirer dans la pratique de la guerre,** par le docteur Arnoult.

RÈGLEMENTS ÉTRANGERS.

1. **Règlement du 3 août 1870 sur les exercices de l'infanterie de l'armée royale de Prusse.** Traduit de l'allemand par J. Monlezun, lieutenant au 120e régiment d'infanterie. 1 volume in-12 avec figures et planches de musique donnant toutes les sonneries et batteries. Paris, Tanera. . . . . 4 fr.

2. **Instruction du 9 juin 1870 concernant le service de garnison de l'armée prussienne.** Traduit de l'allemand par MM. Samion et Laplanche. Br. in-12. Paris, Berger-Levrault. 1 fr. 25

3. **Manuel du sapeur d'infanterie.** Instruction publiée par le ministère de la guerre (septembre 1871). Traduit de l'italien par MM. Percin, Grillon et de Lort-Sérignan. 1 vol. in-12. Paris, Tanera . . . . 4 fr.

4. Règlement pour l'instruction tactique des troupes d'infanterie. Traduit de l'italien par le commandant Durostu et le capitaine Jolly. Paris, Dumaine.................... 2 fr. 50

5. Règlement pour l'instruction tactique des troupes de cavalerie. Traduit de l'italien par le commandant Durostu et le capitaine Vollot. Paris, Dumaine.................... 2 fr. 50

6. Règlement de 1870 sur les exercices de la cavalerie autrichienne. Traduit de l'allemand par V. Zeudes, chef d'escadron de cavalerie. Paris, Tanera.................... 2 fr.

ENCYCLOPÉDIE MILITAIRE.

1. Les Canons géants du moyen âge et des temps modernes, par R. Wille, lieutenant de l'artillerie prussienne. Traduit de l'allemand par MM. R. Colard et S. Bouché, lieutenants d'artillerie. 1 vol. in-8°. Paris, Tanera.................... 3 fr.

2. Les Mitrailleuses et leur emploi pendant la guerre de 1870-1871, par M. Hermann, comte Thürheim, capitaine bavarois. Traduit de l'allemand par M. E. J. Brochure in-8°. Paris, Tanera.................... 1 fr 25.

3. Mémoire sur la permanence de l'armement de défense et sur l'emploi des cuirasses métalliques dans les fortifications d'Anvers, Plymouth et Portsmouth, par le baron Berge, colonel d'artillerie. 1 volume in-8° avec planches. Paris, Tanera.................... 3 fr.

4. Étude sur le réseau des chemins de fer français considéré comme moyen stratégique, par L. de Tromenec, capitaine d'artillerie. Paris, Tanera. 2 fr. 50

5. Guide pour la préparation des transports de troupe par les chemins de fer, par A. Le Pippre, chef d'escadron d'état-major. Paris, Tanera. 6 fr.

OUVRAGES DIVERS.

1. Organisation de l'armée de l'Allemagne du Nord. Recrutement et libération. Traduit de la 12ᵉ édition de l'ouvrage sur l'organisation de l'armée allemande, du général de Witzleben, par le commandant Le Maître. Paris, Berger-Levrault . . . . 2 fr.

2. Cours réduit du tir, par Borreil, capitaine au 124ᵉ de ligne. 2ᵉ édition. 1 volume in-12. Paris, Dumaine . . . . 60 c.

3. Manuel d'hygiène et de premiers secours. Traduit de l'allemand par le Dr Bürgkly. Brochure in-12, Paris, Dumaine . . . . 60 c.

4. Manuel du soldat. I. Service intérieur. II. Instruction sur le démontage, le remontage et l'entretien de l'arme. III. Notions sur le tir du fusil d'infanterie. IV. Transport des troupes d'infanterie en chemin de fer. V. Notions d'hygiène. VI. Service des places. VII. Service en campagne. 1 volume in-18 cartonné. Paris, Tanera. 50 c.

5. Études sur l'art de conduire les troupes

(2ᵉ partie), par Verdy du Vernois. Traduit de l'allemand
par M. Masson, capitaine d'état-major. 1 volume in-12.
Paris, Dumaine ; Bruxelles, Muquardt. 1872.   2 fr. 50

6. **Les Trains sanitaires.** Étude sur l'emploi des
chemins de fer pour l'évacuation des blessés et malades
en arrière des armées, par le Dʳ Morache. Brochure in-8°.
Paris, Dumaine, 1872. . . . .   1 fr. 50

7. **Construction et destruction des chemins
de fer en campagne,** par Wibrotte. Broch. in-8°
avec figures. Paris, Dumaine. . . . .   1 fr.

8. **Éléments de la connaissance du terrain,
à l'usage des sous-officiers,** par M. La Fuente,
lieutenant d'état-major, et M. Mac-Caffarelli, sous-lieutenant au 8ᵉ hussards, 2ᵉ édit. Paris, Dumaine.   1 fr. 50

9. **Abraham Du Quesne et la marine de son
temps,** par M. Jal, historiographe de la marine. 2 vol.
in-8°. Ouvrage adopté par la *Réunion des officiers*. Paris,
Plon. . . . .   16 fr.

10. **Agenda de poche des officiers de terre et
de mer pour 1873,** Paris; Berger-Levrault.   1 fr. 50

11. **Esquisse d'un projet de loi sur l'avan-
cement,** par un officier du génie. Paris, Tanera.

12. **Manuel du soldat d'infanterie,** en usage
dans la division d'Alger. In-18. Paris, Plon . . .   50 c.

13. **Annuaire de la Réunion des officiers
pour 1873.** Paris, Plon. . . . .   3 fr.

14. **La Vérité sur le Masque de Fer** (les Empoi-
sonneurs), d'après des documents inédits des Archives
de la guerre et des autres dépôts publics (1664-1703),
par M. Th. Iung, capitaine d'état-major, Paris, Plon.   8 fr.

15. Considérations sur le recrutement de l'armée et sur l'aptitude militaire dans la population française, par le docteur Morache. In-12, Paris, Dumaine. . . . . 1 fr. 75

16. Le Drapeau national, son historique, par L. Leques, sous-intendant militaire. Paris, Tanera. 75 c.

17. Le Pionnier d'infanterie en campagne, pour servir de supplément au *Manuel du sapeur d'infanterie,* traduit de l'allemand par le capitaine Grillon. Paris, Tanera. . . . . 1 fr. 25

18. Abrégé du Code de justice militaire, à l'usage des sous-officiers, caporaux et soldats, suivi d'un extrait du règlement sur le service intérieur en ce qui concerne les punitions. Paris, Dumaine. . . . 20 c.

19. Conseils pratiques aux jeunes officiers pour la préparation du fantassin au service en campagne, par le capitaine Périzonius, traduit de l'allemand par A. C., lieutenant au 55ᵉ de ligne. Paris, Tanera. . . . . 1 fr.

20. Du service en campagne, méthode d'instruction pratique pour les soldats et officiers d'infanterie, traduite de l'ouvrage du général comte Waldersée par M. Dargnies, et résumée par F. Louis, colonel du 69ᵉ. Paris, Firmin Didot.

21. Écoles régimentaires. Emploi du temps et programme ou plan méthodique d'études pour l'enseignement du premier degré dans les compagnies, par Fournols, lieut. au 97ᵉ de ligne. Paris, Dumaine. 50 c.

22. Considérations sur le système défensif de Paris. In-4°. Paris, Tanera. . . . . 2 fr. 50

23. Notes sur l'organisation de l'armée pen-

dant la Révolution (4 août 1789 — 30 octobre 1795), par M. Choppin, lieutenant au 3ᵉ dragons. Paris, Tancra... 1 fr. 25

Sous presse :

1. **Constitution de l'armée allemande et service de l'infanterie,** par M. Witzleben, lieutenant général. Paris, Labitte.

2. **Méthode d'instruction de l'infanterie pour le combat de tirailleurs.** Paris, Labitte.

3. **Aide-mémoire pour l'instruction théorique du cavalier,** à l'usage des jeunes officiers et des sous-officiers. Paris, Firmin Didot.

4. **Défense des cours d'eau,** par M. Grillon, capitaine du génie. Limoges, Charles Père.

5. **Tactique de la cavalerie.** Traduit de l'Aide-mémoire de Heldorf. Rennes, Leroy.

6. **Manuel pratique militaire des chemins de fer,** par M. Issalène, capitaine au 67ᵉ de ligne. Paris, Gauthier-Villars.

7. **Emploi du tir des schrapnells en campagne,** traduit de l'allemand par M. Collard, capitaine d'artillerie. Paris, Tancra.

8. **Règlements d'exercice pour la cavalerie prussienne,** traduits de l'allemand par M. Langlois, capitaine. Paris, Firmin Didot.

9. **Les Siéges de Paris et de Belfort en 1870-71,** par le capitaine comte de Geldern. Traduit de l'allemand par M. Grillon, capitaine du génie.

Paris, typographie de Henri Plon, 8, rue Garancière.

www.ingramcontent.com/pod-product-compliance
Lightning Source LLC
Chambersburg PA
CBHW051306060726
47596CB00001B/255